Comment dynamiser le contenu de son site web ?

Comment dynamiser
le contenu de son site web ?
est édité par Pyramyd éditions
www.pyramyd-editions.com

Direction éditoriale
Céline Remechido

Suivi éditorial
Christelle Doyelle

Conception graphique
DES SIGNES
Élise Muchir
et Franklin Desclouds

Correction
Maud Foutieau

ISBN : 978-2-35017-407-5
Dépôt légal : 2nd semestre 2017
Imprimé en Croatie

Comment dynamiser le contenu de son site web ?

Patrick Lenormand

Sommaire

Cela fait 20 ans que je travaille sur le Web, une éternité pour ce média en changement permanent ! J'y ai occupé des postes divers : journaliste multimédia, rédacteur en chef de projets web, concepteur de sites, conseil éditorial… J'ai connu toutes les étapes traversées par ce nouveau média : son introduction au grand public, l'explosion de la bulle internet, l'apparition des réseaux sociaux, la montée en puissance des systèmes de publication CMS plus simples, et notamment de WordPress, l'arrivée des applications mobiles. À chaque évolution, il a fallu s'adapter… mais c'est notre lot commun !

Pendant cette longue période, j'ai aussi vu évoluer les contenus : très classiques et orientés texte au début, ils ont intégré progressivement d'autres médias à mesure que ceux-ci devenaient plus accessibles techniquement. L'internaute (aujourd'hui « mobinaute » et « tablettonaute ») a lui aussi changé, et avec lui ses attentes de contenus : ils doivent être plus variés, plus originaux, plus impliquants. Une évolution qui va de pair avec celle des moteurs de recherche, plus exigeants dans leur indexation de contenus uniques et de sites populaires. Le défi des sites web se résume en une phrase : plaire aux lecteurs autant qu'aux moteurs.

Tout le propos de ce guide est de faire le point sur ces attentes et d'y répondre très concrètement. À l'opposé des livres plus théoriques abordant des stratégies de *web content*, cet ouvrage propose un recensement systématique des possibilités de renouvellement et de dynamisation de vos contenus, des pistes illustrées à chaque fois par des exemples réels. Le projet est simple : vous donner des idées. Vous y trouverez en effet matière à réflexion pour votre propre site et, qui sait, le programme de votre prochaine réunion éditoriale !

Bonne lecture !

Avant-propos

Google a – enfin – dévoilé son plus précieux secret : ses critères qualité majeurs pour classer les pages web. Le 22 mars 2016, lors d'une série de questions-réponses avec les internautes, Andrey Lippatsev, stratège senior pour la qualité de recherche chez Google, a dévoilé les trois critères de classement les plus importants actuellement pour ce moteur de recherche – au total, le moteur de recherche le plus célèbre du monde compte plus de 200 « critères » pour le référencement des pages web.

Sur la première marche du podium : le contenu, avec de multiples critères qualité à la clé. Viennent ensuite les liens entrants et l'analyse opérée par le RankBrain, un système d'intelligence artificielle auto-apprenant intégré à l'algorithme actuel de Google répondant au doux nom de *Hummingbird* (le colibri).

Cette révélation ne fait qu'entériner ce qui, déjà, se profilait au fil des précédentes versions de cet algorithme : les moteurs de recherche, de plus en plus perfectionnés, s'attachent à trouver des critères de plus en plus fins et distinctifs. Et quoi de plus différenciant que du contenu bien pensé, suivant un angle précis, adapté à un public spécifique et unique dans son sujet et/ou son traitement ?

Ces constats et cette évolution sont la raison d'être de ce guide. Celui-ci s'attache, dans un premier temps, à remettre les choses à plat :

- Les attentes et le comportement des internautes (et, par extension, des « mobinautes » et des « tablettonautes ») d'aujourd'hui sont détaillés ici, sur la base des toutes dernières études disponibles pour la France et le monde. Ces constatations permettent de dessiner le profil précis des visiteurs de nos sites web.
- Nous passerons aussi à la loupe les supports de communication web, à savoir les composantes d'un site web classique. La réflexion est élargie au dispositif web souvent constitué non seulement du site, mais aussi, de plus en plus souvent, d'une newsletter, d'un blog, de réseaux sociaux. Ce qui vaut pour le site vaut également pour ces autres supports : chacune de ces publications doit reposer sur des principes de base, une réflexion initiale résumée par la ligne éditoriale – à qui parle-t-on, pour lui dire quoi et comment.
- Ces constats et notre propre pratique permettent d'élaborer une « grille qualité web ». Elle vous permettra d'ores et déjà de faire un audit éditorial de votre site, puis de passer à l'action.

Après cette première étape de réflexion, l'ouvrage abordera en effet une étape très concrète : l'exploration, point par point, de tout ce qui peut dynamiser l'éditorial - c'est-à-dire le contenu - de votre site et des autres outils. Les pistes d'amélioration ne manquent pas, tant sur l'écriture, l'édition, l'utilisation des contenus non textuels, la scénarisation des contenus denses, l'interactivité interne et externe, les différents types d'interaction entre le site et l'internaute. Ce travail sur le contenu d'un site, ou *web content* pour reprendre l'anglicisme en vogue chez les professionnels du marketing ou du référencement, peut même donner lieu à l'élaboration d'une stratégie de contenu qui fixera des objectifs, souvent quantifiables, pour chacune des publications web.

Mais au fait, dans quel but dynamiser son contenu web ? De notre point de vue, la finalité du travail sur le contenu est double : humaine et technique.

Les internautes d'aujourd'hui, plus aguerris face à la technologie, ne se laissent plus impressionner - ou alors, pas longtemps - par un site dont la qualité ne serait que graphique. Le lecteur veut du fond, pour être informé lui-même et pour le transmettre à ses relations personnelles ou professionnelles via les réseaux sociaux ou un simple lien dans un message. L'attente n'est plus seulement « informe-moi », mais plutôt « impressionne-moi, fais la différence ».

Techniquement, il s'agit aussi de sortir du lot. Car la concurrence est forte : le Web, c'est plus de 4,7 milliards de pages et 1,14 milliard de sites au moment de la rédaction de ce guide. Il faut donc se différencier, s'assurer d'être repérable et repéré, sinon tous nos efforts de production de contenu ne servent à rien.

Il ne vous reste plus qu'à vous retrousser les manches... Si cette remise à plat et ces techniques impliquent beaucoup de travail sur votre dispositif web, dites-vous que le jeu en vaut la chandelle. Le travail rigoureux et systématique que vous vous apprêtez à réaliser sur votre contenu et la constance de vos efforts vous permettront de voir grimper la notoriété de votre site.

Maintenant, c'est à vous de jouer !

Savoir

Comprendre le fonctionnement et les attentes des lecteurs… et des moteurs

1

Tous nos efforts pour publier des informations ne servent à rien si on ne se pose pas – régulièrement – la question essentielle : quel est mon public, qu'est-ce qu'il attend et, plus globalement, comment fonctionne-t-il ?

La multiplicité des supports techniques – les *devices*, pour les Anglo-Saxons – complique cette définition : on ne lit pas, on ne « consomme » pas de l'information de la même manière sur un site web, un mobile ou une tablette.

Autre facteur à prendre en compte : la spécificité des publications – quel(s) public(s) certes, mais aussi quelles informations et quelle hiérarchie, quel traitement… – et leur grande variété sur le Web. Par ailleurs, les destinataires d'une newsletter, les fidèles d'un blog, les fans d'une page Facebook ont eux aussi leur comportement propre.

À ces multiples critères viennent s'ajouter ceux impulsés – imposés ? – par la technique : les critères des moteurs pour classer / indexer les pages web, comme nous l'évoquions en préambule, et qui auront un effet direct sur le choix des sujets et des angles, la façon de les éditer (rédaction des titres, notamment), leur composition (textes et autres médias prisés par les moteurs comme par les lecteurs).

Prêt pour une revue de détail ?

Le monde digital aujourd'hui – État des lieux

Les données ci-dessous sont extraites de plusieurs infographies, téléchargeables sur www.pyramyd-editions.com. Ces infographies s'appuient toutes sur des études récentes, souvent éparpillées, sur le comportement des utilisateurs d'Internet au sens large, de certaines de ses déclinaisons (réseaux sociaux notamment, mais aussi applications web, de plus en plus présentes) et de ses supports techniques les plus courants - ordinateurs, smartphones, télévision multimédia... Les principaux enseignements à tirer de ces études sont détaillés ci-dessous : en premier lieu apparaissent les grandes tendances, viennent ensuite les comportements et attentes liés plus spécifiquement au contenu.

Données générales

De plus en plus de personnes « équipées pour le numérique » : 1 être humain sur 2 a accès à Internet (8 Français sur 10), l'accès aux téléphones portables est plus généralisé que celui à Internet.

La connectivité devient la norme : plus de la moitié de la population adulte mondiale utilise Internet (et les 3/4 au moins une fois par jour), et plus du tiers de cette population utilise les réseaux sociaux au moins une fois par mois.

L'usage Internet passe devant celui de la télévision : plus de 3 h 30 passées chaque jour sur Internet.

La « portabilité », concurrente des médias classiques : les appareils portables entrent en concurrence avec les supports traditionnels (radio, presse, télévision).

Le téléphone portable, l'outil digital « total » : le mobile est le support privilégié pour accéder à sa messagerie, aux réseaux sociaux, se localiser, partager des pages web, acheter en ligne, visionner des vidéos, jouer... Il ne s'agit plus seulement d'avoir une présence sur les portables (ergonomie du site adaptée ou *responsive*), mais plutôt d'optimiser toute son organisation pour un monde centré sur cet appareil.

L'information, une « denrée » consommée par tous les moyens : grâce à la portabilité et à la multiplicité des écrans, une nouvelle

« consommation d'informations » se met en place, dite ATAWAD : *AnyTime, AnyWhere, Any Device* (être informé à tout moment, n'importe où, sur n'importe quel appareil).

Un écran pour chaque moment de la journée : le téléphone portable et la radio s'imposent entre 6 et 9 heures ; entre 9 heures et midi, le téléphone portable fait une petite place à l'ordinateur ; entre midi et 14 heures, la télévision règne en maître ; entre 14 et 18 heures, la télévision, puis le téléphone portable et l'ordinateur se disputent notre attention ; entre 18 heures et minuit, enfin, la bonne vieille télévision retrouve la préférence des assoiffés d'informations.

Les réseaux sociaux, stars du monde digital : dans le monde, 1 personne sur 3 est active sur les réseaux sociaux, et 1 Français sur 2, des chiffres en hausse constante.

Les réseaux sociaux, du « média de l'ego » au média social : sur les réseaux sociaux, on partage toujours sa vie avec le reste du monde, mais on y devient aussi plus sélectif sur ce que l'on partage – des expériences avec une valeur ajoutée plus importante – et avec qui, dans un environnement plus personnalisé. Pour les entreprises et les organisations au sens large, cela implique d'écouter vraiment le public visé et de comprendre ce qu'il veut, plutôt que d'utiliser les réseaux sociaux pour diffuser indistinctement ce que la structure souhaite partager.

Comportement et attentes liés aux contenus

Les consommateurs d'informations jouent à « saute-écran » : 88 % des consommateurs de contenus utilisent plusieurs écrans pour y accéder (*multiscreen*).

Les consommateurs d'informations ont l'esprit ailleurs : 40 % des internautes estiment qu'ils sont distraits quand ils consomment des contenus. 25 % des internautes estiment que le divertissement est plus important que la véracité d'une information. Cette proportion atteint 35 % des *millennials* (internautes nés autour des années 2000). 42 % des *millennials* ne s'intéressent pas à la véracité d'une information lorsqu'ils la partagent.

Les consommateurs d'informations hiérarchisent : quand ils ne disposent que de 15 minutes pour consommer du contenu relatif à une nouvelle, 66 % préfèrent regarder une vidéo plutôt que lire un article. Quand ils ont le choix entre plusieurs articles courts et un article long (articles longs multimédia appelés *long form* ou *long story*), ils préfèrent parcourir les articles courts.

Les consommateurs d'informations ne sont pas très patients. Les raisons principales d'abandon de consommation d'un contenu sont les suivantes :
- Le contenu est trop long : 25 % changent d'écran, 43 % abandonnent.
- Les images ne chargent pas : 39 % changent d'écran, 42 % abandonnent.
- Le temps de chargement est trop important : 36 % changent d'écran, 42 % abandonnent.
- Le contenu n'est pas bien mis en forme : 36 % changent d'écran, 39 % abandonnent.
- Comparés aux autres, les Français abandonnent plus rapidement les contenus difficiles d'accès. Les Allemands, par exemple, sont plus téméraires et tenteront d'y accéder depuis un autre écran.

Les consommateurs d'informations sont exigeants sur les contenus :
- 67 % des consommateurs sont à la recherche de contenus offrant un point de vue original, qui privilégient l'authenticité.
- 65 % souhaitent que le contenu s'affiche correctement sur l'appareil utilisé.
- 64 % souhaitent que le contenu monopolise l'attention.
- 59 % souhaitent du contenu élégamment conçu.
- 54 % souhaitent que le contenu éveille la sensibilité artistique (maquette et photographie).
- 54 % préfèrent les expériences personnalisées plutôt que génériques.
- 49 % souhaitent que le contenu personnalise les centres d'intérêt de l'utilisateur.
- 45 % fonctionnent sur une multitude d'équipements et attendent donc un contenu adapté.
- 41 % souhaitent du contenu simple et ordinaire.

Les consommateurs d'informations sont exigeants sur les applications. Les motifs de désinstallation des applications sur un mobile sont multiples :

- La lenteur (73,7 % pour le grand public, 31,7 % pour le public professionnel).
- Le caractère trop intrusif des publicités et notifications (65,8 % pour le grand public, 54,5 % pour le public professionnel).
- Le manque d'intérêt (61 % pour le grand public, 71 % pour le public professionnel).
- La pauvreté des services proposés (55,8 % pour le grand public, 49,3 % pour le public professionnel).
- Le manque de fiabilité (42,8 % pour le grand public, 31,2 % pour le public professionnel).
- La consommation de mémoire ou espace disque (42,3 % pour le grand public, 25,9 % pour le public professionnel).
- La consommation de la batterie (39,8 % pour le grand public, 23,4 % pour le public professionnel).
- Le manque de confiance sur l'utilisation des données personnelles (34,5 % pour le grand public, 21,4 % pour le public professionnel).
- L'ergonomie (33 % pour le grand public, 16,3 % pour le public professionnel).
- Le poids (26,8 % pour le grand public, 27,3 % pour le public professionnel).
- Le design (25 % pour le grand public, 3,6 % pour le public professionnel).
- Le manque de personnalisation de l'interface (9 % pour le grand public, 4,9 % pour le public professionnel).

Sources :

Digital in 2016 - Simon Kemp, We are Social - Nations unies, US Census Bureau, Internet WorldStats, Facebook, GSMA Intelligence, janvier 2016.

Étude Media in Life - Usages et audiences des médias audiovisuels et interactifs, Magazine *Audience*, Médiamétrie, 25 avril 2016.

EBG / TESTAPIC - Baromètre des usages mobiles 2016 - Échantillon de 1003 utilisateurs grand public et 637 professionnels.

ADOBE - Atteindre la délectation. S'adapter à un univers toujours plus avide de contenus.

Les moteurs de recherche : des comportements pointus, des attentes spécifiques

Comment travaille un moteur de recherche ?

Si Google est le plus célèbre et le plus puissant des moteurs de recherche, il est loin d'être le seul. On en compte plusieurs dizaines aujourd'hui, parmi lesquels des outils moins connus comme l'américain DuckDuckGo, le français Qwant ou le sino-japonais Baidu. Tous associent un moteur de recherche et un index qui classe les résultats de recherche en fonction de multiples critères - Google en recense plus de 200.

Le principe général de ces « fureteurs » est le suivant :

- Les robots associés aux moteurs de recherche (les *spiders* ou araignées) parcourent le Web de lien hypertexte en lien hypertexte à la recherche de contenus nouveaux, non encore indexés.
- Ils produisent des listes de mots associés stockés sur des serveurs propres au moteur de recherche.
- C'est ce classement dans un index que l'on nomme le « référencement » en français ou SEO (*Search Engine Optimization*) en anglais.
- Toute recherche d'informations est comparée aux listes composées par les robots *spiders* qui proposent alors une page de résultats.
- Le classement des résultats est d'une importance vitale : les internautes ne lisent souvent que les résultats apparaissant sur les premières pages de résultats, et souvent la partie supérieure de ces premières pages.
- Ce classement s'effectue au moyen de critères multiples : la présence dans les pages web des mots indiqués dans la recherche, leur fréquence (on parle même d'indice de densité, qui apprécie le nombre de ces mots-clés en fonction du sujet et de la longueur du texte) et leur position dans des zones spécifiques : l'adresse URL, le titre et les autres niveaux de lecture - chapeau, intertitres, etc. - souvent signalés par des feuilles de style spécifiques indiquées par des balises (H1 ou Titre 1, H2 ou Titre 2, etc.). Les moteurs repèrent aussi les « graisses », c'est-à-dire les gras et italiques : si un mot, une expression, une phrase ont été mis en gras ou en italique, cela signifie pour les moteurs que ce sont des contenus importants donc à analyser.

Cette première approche technique du référencement peut être illustrée très concrètement avec les outils de référencement mis en place sur les sites. Ces outils signalent en effet au rédacteur les différents facteurs importants pour favoriser le référencement/repérage par les moteurs. Prenons l'exemple de l'extension Yoast, utilisée pour optimiser le référencement des sites WordPress.

L'article suivant, *En France, le tourisme viticole à la traîne,* a été rédigé pour Un jour en France, site-vitrine qui présente l'actualité de l'Hexagone aux francophones du monde entier.

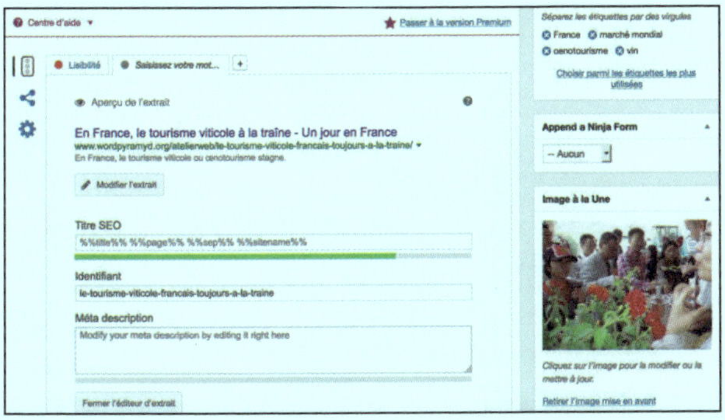

En France, le tourisme viticole à la traîne (site Un jour en France).

Une première série de champs permet d'agir sur les éléments génériques de l'article, appelés les méta-éléments : le titre bien sûr, l'identifiant qui est l'URL (en vert dans Google) et la méta-description (le champ texte qui s'affiche sous le titre et l'URL dans la page de résultats du moteur).

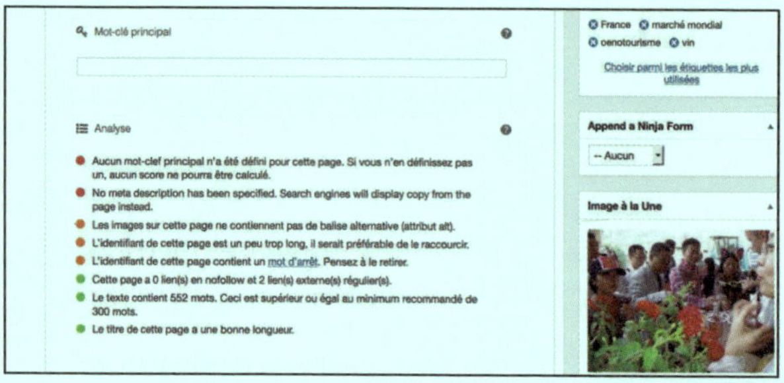

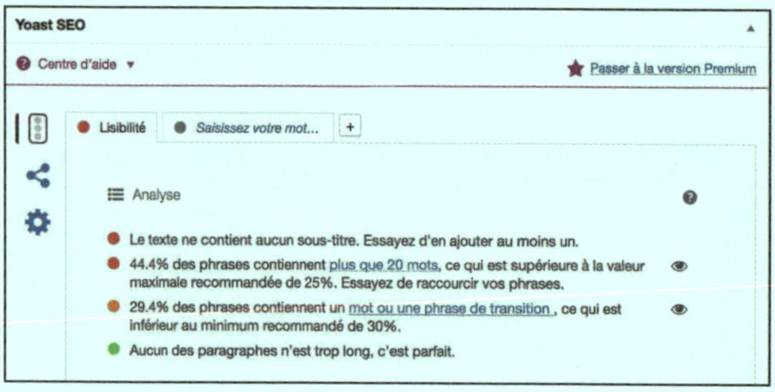

Une deuxième série de champs rappelle ou affine les éléments à soigner pour optimiser le référencement : la longueur du titre, la longueur du texte, le mot-clé principal, la description précise des photos (champ Texte alternatif), la présence de liens qui peuvent être suivis, etc.

D'autres critères apparaissent : la présence d'un chapeau (ici appelé sous-titre), la longueur des phrases, leur enchaînement logique (mots de transition), la longueur des paragraphes.

Les critères favorisant la « popularité web »

La hiérarchie des résultats proposés est également liée à d'autres facteurs, et notamment le plus important d'entre eux, leur « popularité » : ce critère apprécie le nombre et la « qualité » des liens hypertexte pointant vers une page web donnée, comme autant d'incitations à aller consulter ce contenu de valeur. Cette appréciation donnera du poids et de la valeur à cette page et incitera le moteur de recherche à la ranger en bonne position dans son index, et donc dans les pages de résultats si une recherche contenant les mots-clés associés est effectuée par un internaute.

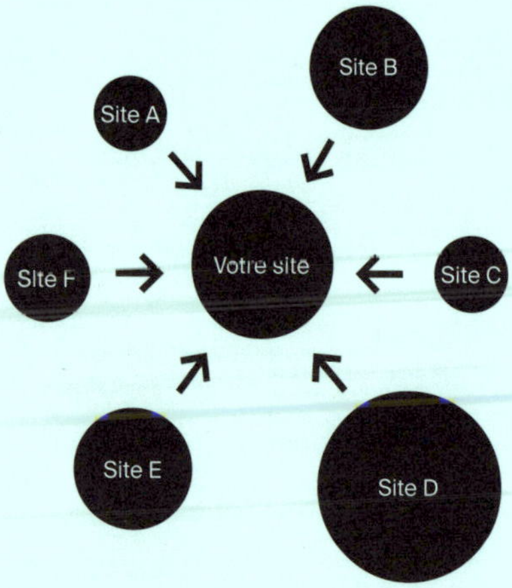

Les liens entrants d'un site
Le principe de la popularité web est simple :
- plus une page reçoit de liens, plus elle est populaire ;
- plus les liens qu'elle reçoit proviennent de pages / sites populaires, plus elle est populaire ;
- plus une page est populaire, plus elle est… populaire : si une page a déjà été indexée comme populaire et qu'elle reçoit de nouveaux liens, elle sera d'emblée favorisée par les moteurs, une sorte de « cercle vertueux numérique ». Jusqu'à une date récente, Google parlait de *PageRank* pour évoquer ce classement des pages selon une échelle de 0 à 10. Les officiels de l'entreprise parlent aujourd'hui du RankBrain, un algorithme auto-apprenant capable d'analyser plus finement un ensemble plus large de critères de popularité.

Au final, que veut Google ?

Outre les points exposés précédemment, un moteur de recherche comme Google affiche des attentes bien précises pour un site, tant sur la forme que sur le fond.

Sur la forme

Lorsqu'il affiche ses résultats de recherche, Google accorde sa préférence aux sites *mobile ready*, c'est-à-dire lisibles parfaitement même sur les petites surfaces d'affichage des téléphones mobiles et des tablettes. Si le graphisme de votre site n'est pas adaptable – *responsive* en anglais – à ces petits écrans, tant pis pour lui : il sera pénalisé et affiché après tous ceux graphiquement dynamiques.

Soucieux du confort de lecture de l'internaute, Google a également décidé de mettre en avant un autre type de dynamisme : la rapidité d'affichage des pages. Celles-ci doivent être techniquement fluides, une qualité qui peut se mesurer avec des outils en ligne.

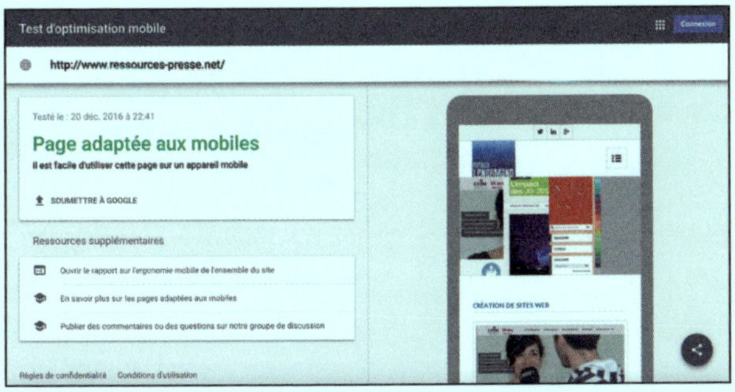

L'outil de test d'optimisation mobile de Google permet de savoir si une page est adaptée aux mobiles, l'équipement aujourd'hui de plus en plus utilisé pour accéder à Internet. Il suffit de renseigner l'adresse URL de la page à tester : l'outil affichera la page telle qu'elle apparaît sur un mobile et signalera les éléments à améliorer (URL : https://search.google.com/search-console/mobile-friendly).

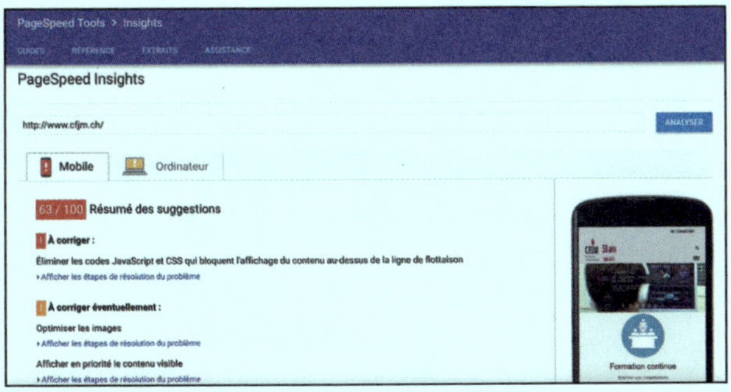

L'outil *PageSpeed Tools* analyse la rapidité d'affichage d'une page web sur un ordinateur ou un mobile, pointe les éléments ralentissant cet affichage et formule des conseils pour remédier à ce ralentissement.

Google privilégie en outre les sites au design « ergonomique et attirant ». Ce critère se résume à une seule préoccupation : faciliter le parcours de consultation de l'internaute. Le design doit donc être « centré utilisateur », ergonomique et permettre à l'utilisateur du site de trouver facilement ce qu'il cherche. Quant au caractère « attirant » - éminemment subjectif -, il signifie une mise en page aérée, sans sollicitations visuelles excessives qui pourraient gêner cet accès au contenu.

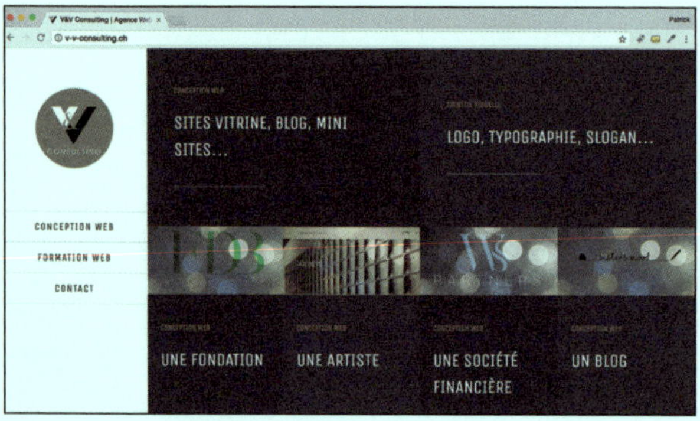

Le site de V&V Consulting propose une interface claire et ergonomique.

Sur le fond

À la limite de la forme et du fond, la structuration du site revêt une importance primordiale pour Google : elle doit être logique et bien pensée, avec un rubriquage et un menu de navigation clairs.

Enfin, en termes de contenus, Google a là encore des attentes bien précises : des contenus répondant aux besoins des internautes spécifiques visés par le site d'une part, et d'autre part des articles différents des concurrents et donc uniques. L'algorithme de Google fait tout particulièrement la chasse au *duplicate content*, des contenus existant sur plusieurs pages d'un même site ou sur d'autres sites.

Sur ce site associatif du club de la presse de Nantes au contenu très dense, la structuration est soignée, avec un rubriquage précis et sophistiqué dans la barre de navigation, et une page d'accueil découpée en zones d'information à l'importance décroissante.

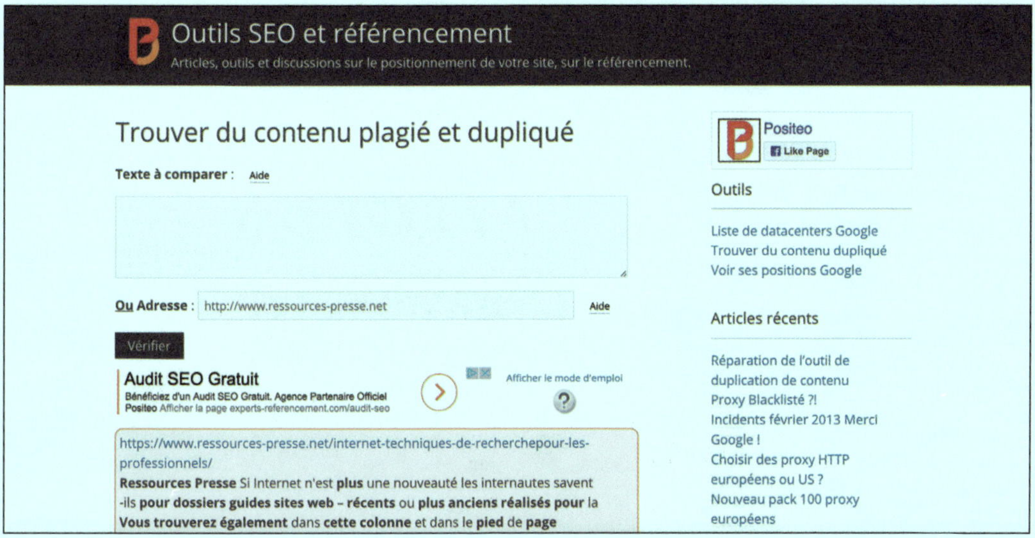

Outil de recherche de contenu dupliqué ou plagié (www.positeo.com).

Savoir

Les deux critères majeurs d'accès à un site : l'ergonomie et la lisibilité

2

Le Web existe maintenant depuis presque 50 ans – la première connexion entre deux ordinateurs date de 1969, année de la naissance du réseau Arpanet. Les producteurs d'informations en ligne ont eu le temps d'expérimenter de nombreuses solutions pour attirer les internautes… ou les faire fuir !

L'observation des sites et des internautes au fil des années a permis de mettre en place des critères qualité précis, des attentes – conscientes ou inconscientes – partagées par la majorité des utilisateurs. Pour de nombreux sites, ces règles sont même explicitées dans une charte éditoriale associée, qui harmonise de surcroît le travail des différents contributeurs.

Tous les efforts liés au contenu sont inutiles si l'internaute éprouve des difficultés à y accéder, que ce soit pour des raisons de navigation ou de lisibilité formelle. Ces critères qualité essentiels valent en premier lieu pour la page d'accueil, mais sont tout aussi importants pour les pages intérieures qui affichent les articles.

L'ergonomie : pour une navigation sans écueil

Un exemple… à ne pas suivre

Dans l'exemple caricatural présenté ici, tout semble être agencé pour perturber l'internaute. Faites l'expérience du « pire du Web » en vous rendant par exemple sur le site et suivez les conseils proposés plus loin si vous repérez des problèmes similaires sur votre site.

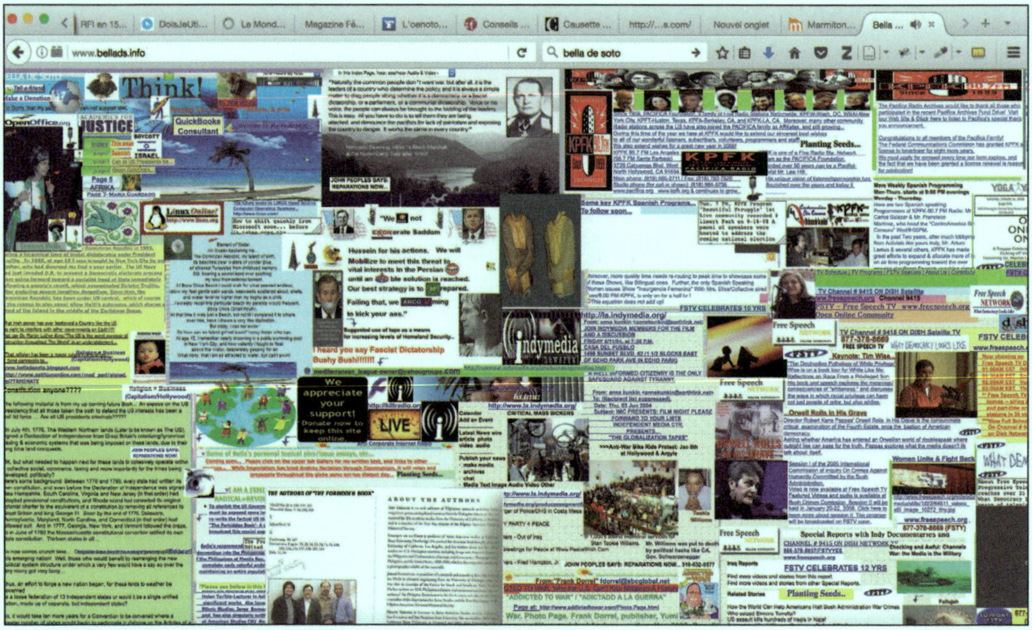

Le site… original de l'artiste Bella de Soto (source *Worst of Web*).

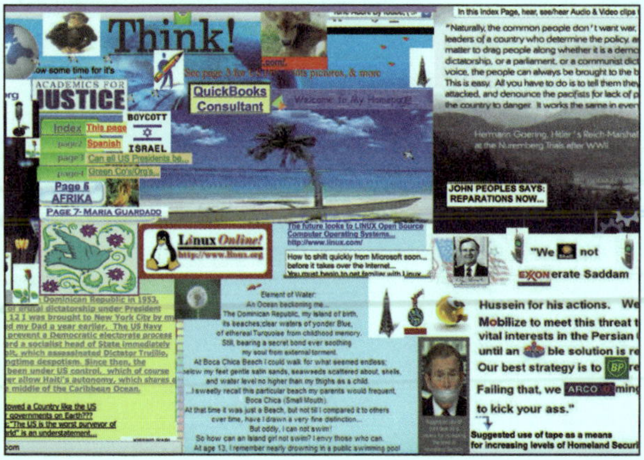

Le site Bella de Soto – zoom sur la page d'accueil.

« L'aventure » commence dès le début de la visite : la page d'accueil, surchargée de photos non optimisées pour le Web – c'est-à-dire allégées – met de longues minutes à se charger, s'affichant sur l'écran par « tranches ». Si votre connexion au réseau est en outre faible ou irrégulière, l'affichage de ce genre de page vire au cauchemar !

Une fois chargée, la page d'accueil est peu aisée à manipuler malgré – ou à cause – des « ascenseurs » à la verticale (à droite de l'écran) et à l'horizontale (en bas de l'écran). Si le premier est naturel sur la majorité des sites dont la *home* se découpe en plusieurs pages-écran, le second est tout à fait inattendu. Sa présence est due au fait que cette page d'accueil « originale » ne se soucie pas des standards adoptés aujourd'hui universellement, à savoir ici une largeur maximale de 1 024 pixels. Toute page web d'une largeur supérieure fera apparaître ce curseur horizontal qui rend d'emblée la manipulation de la page difficile : pour arriver à la partie de la page que l'on veut lire, on doit faire glisser alternativement ces deux curseurs… avec une seule souris !

Cerise sur le gâteau : l'accès à la page d'accueil lance un contenu audio imposé (pas moyen de l'arrêter), mélange d'extraits radiophoniques qui contribue à l'illisibilité de la page… et à l'irritabilité de l'internaute !

Ergonomie : les solutions à adopter

Adoptez une configuration de page respectant les standards graphiques en vigueur

On ne crée plus aujourd'hui les sites web sans se soucier de leur affichage sur d'autres appareils que l'ordinateur, à savoir les tablettes et les téléphones mobiles. Cette capacité des sites à apparaître correctement sur tous les supports, quelle que soit la taille de l'écran, sans poser de problème d'affichage ou de navigation, a un nom précis : le graphisme *responsive*.

La largeur des pages web suit aujourd'hui des valeurs établies par le consortium W3C :
- largeur pour les smartphones : 480 px ;
- largeur pour les tablettes : entre 480 et 1 024 px ;
- largeur pour les ordinateurs : 1 024 px maximum.

Ces largeurs doivent être appliquées en amont de la création du site par le web designer, ou à la refonte du site si elles ne l'étaient pas auparavant.

Pour savoir si votre site est *responsive*, deux possibilités :

- La façon artisanale : affichez la page d'accueil de votre site, puis « tirez » la partie inférieure droite de la fenêtre du navigateur vers la gauche, d'abord sur la moitié de l'écran de votre ordinateur, puis sur un quart. Vous reproduisez ainsi rapidement la surface d'une tablette puis d'un smartphone.

- La manière professionnelle : rendez-vous sur un site dédié, comme celui de Piresponsive (apps-fr.orson.io/piresponsive). Vous pourrez y tester rapidement l'adaptabilité du graphisme de votre site, y compris sous les différents types de tablettes et de téléphones mobiles.

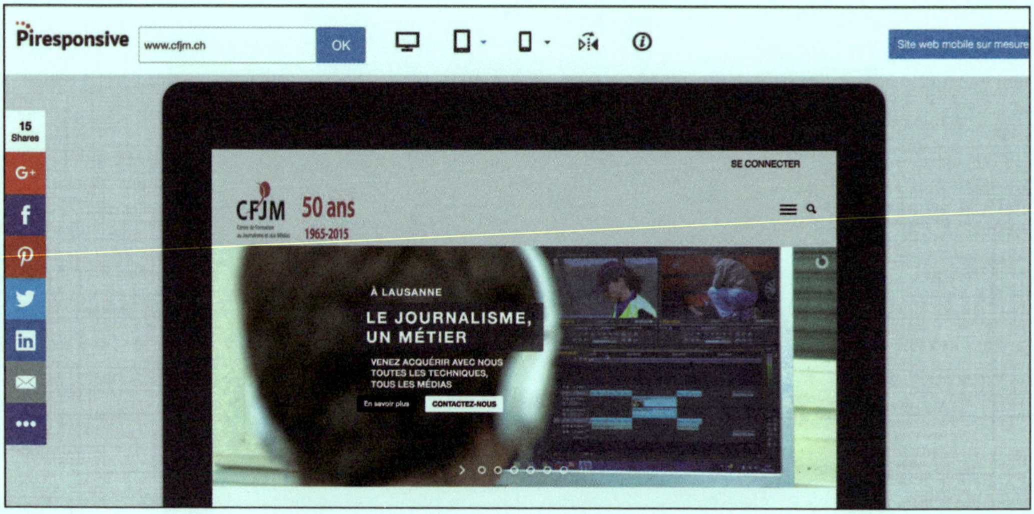

Test du site du CFJM sur Piresponsive.

Soignez le « découpage » de votre écran

L'écran affichant votre page d'accueil présente à l'internaute une foule d'éléments à balayer – votre visiteur regarde avant de lire.

La lecture sur écran est un processus complexe. Deux informations sont à retenir :

- La page-écran : plus ou moins consciemment, l'internaute découpe une page web en bandes horizontales, les pages-écran.

La page-écran est la zone qui apparaît quand on ne touche pas à « l'ascenseur », le bouton de défilement vertical sur la droite. Celle-ci doit être construite avec des éléments clairement hiérarchisés - on doit facilement distinguer ce qui est important, l'information majeure, de ce qui est plus anecdotique. La première page-écran est la plus importante, celles qui apparaîtront en dessous quand l'internaute fait défiler la page web le sont moins.

- Les « zones chaudes » : dans chaque page-écran, des « zones chaudes » attirent naturellement le regard de l'internaute (voir page suivante sur le parcours de l'œil). On utilisera ces zones privilégiées en y faisant apparaître des informations ou éléments primordiaux (logo, rubrique ou titre, flash spécial...).

La lisibilité : un parcours de l'œil sans obstacle

Des études dénommées *eye tracking* analysent régulièrement le parcours de l'œil de l'internaute sur une page web. Parmi de nombreux exemples, observons celles du Poynter Institute situé à St. Petersburg, en Floride.

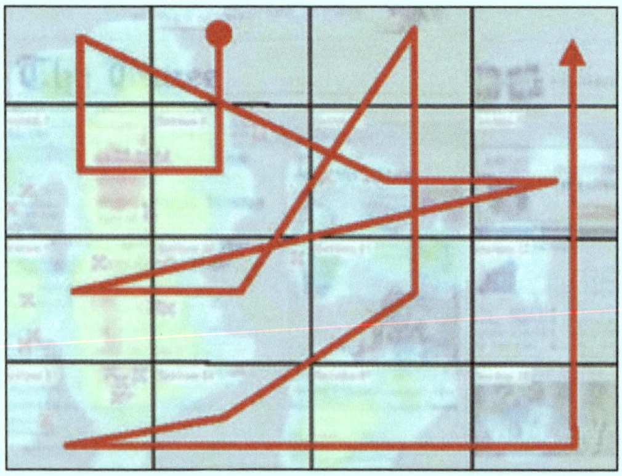

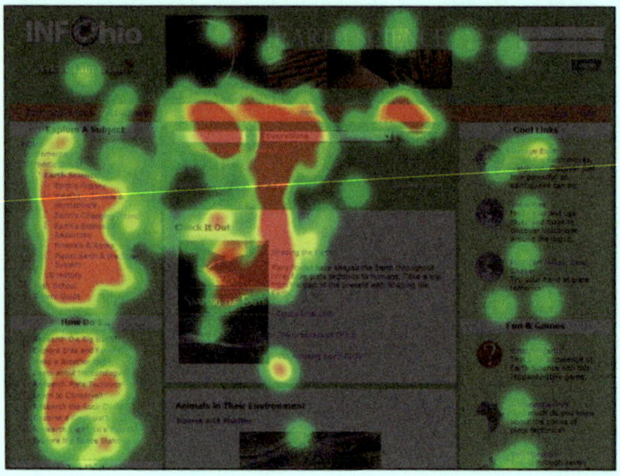

Le parcours de l'œil et les zones de priorité sur une page web.

Le parcours de l'œil sur un article du site Info Ohio.

La partie supérieure gauche est nettement favorisée, notamment dans le cas de la page d'accueil. Dans ces zones se trouvent le logo et l'éventuel slogan pour l'identification rapide du site, les rubriques les plus importantes, l'information principale (sur la page d'accueil), le titre, les « méta-informations » (auteur, rubrique, date de publication et de mise à jour, boutons réseaux sociaux). Sur les autres pages du site, le constat est le même comme le montre l'exemple d'un article du site Info Ohio (www.infohio.org). Ces constats valent bien sûr pour les internautes lisant naturellement de gauche à droite. Pour les internautes issus d'autres cultures, les enseignements tirés de ces études *eye tracking* sont inversés, comme le montre cette une de Rfi pour les arabophones.

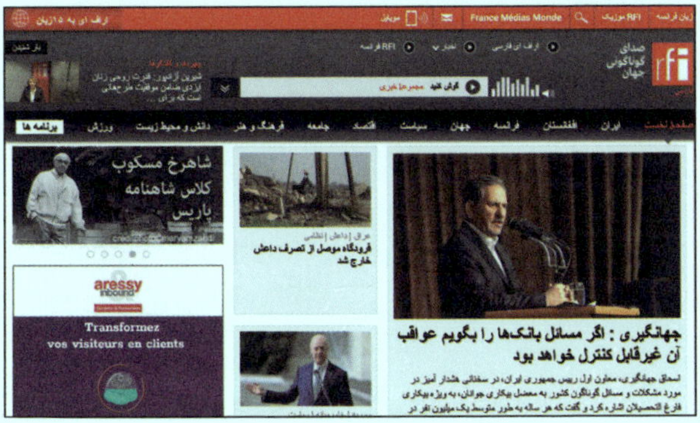

La une du site Rfi pour les arabophones.

Le parcours de l'œil a plusieurs conséquences directes sur la structure des pages :

- L'essentiel de ce qui doit être lu doit être placé en haut.
- La longueur de la page proposée (page d'accueil, page d'article) doit être soit limitée (puisque plus on descend, moins on sera lu), soit aménagée pour relancer la lecture.
  En moyenne, sur une page inconnue (découverte en cliquant par hasard sur un résultat de recherche, par exemple), l'internaute fera défiler (« scrollera ») trois pages-écran. Après cette limite, on constate une perte d'attention, voire une sortie du site.
- Les rubriques sont les catégories thématiques dans lesquelles viennent se ranger les articles traitant de votre actualité.
  Elles viennent s'ajouter à des pages à contenu unique, comme un formulaire de contact ou des pages solo (Pourquoi ce site, Notre équipe, etc.) pour composer le menu de navigation.
  Plus celui-ci est surchargé, moins votre site et son contenu seront faciles à appréhender.

Ce site suisse d'actualité ne compte pas moins de 34 rubriques, une densité qui alourdit le site et rend plus difficile sa consultation.

- La barre de navigation est aujourd'hui horizontale sur la majorité des sites, car la lecture horizontale nous est naturellement plus familière. Proposer une navigation verticale est aujourd'hui rare et doit se justifier par le graphisme (graphisme en grille occupant tout le reste de la page, par exemple). Proposer à la fois une navigation horizontale et verticale, comme dans l'exemple ci-dessous, revient là encore à imposer une difficulté de lecture à l'internaute.

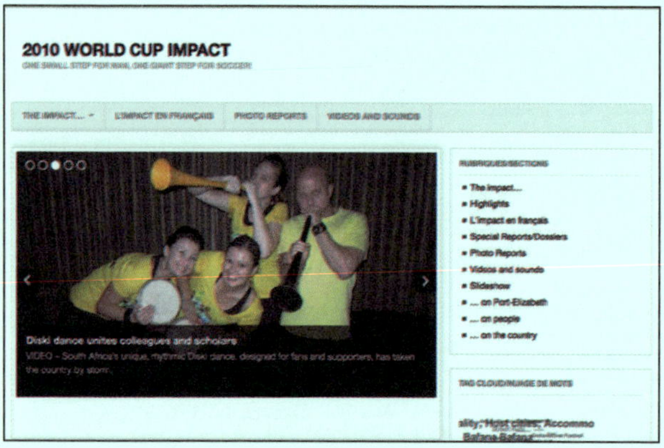

2010 WorldCup Impact, un site à la double navigation.

- La mise en page doit elle aussi faciliter le parcours de l'œil, et ce de plusieurs façons :
  - En limitant le nombre de zones à prospecter : multiplier les zones (colonnes, bandeaux publicitaires, boutons cliquables) dans la page d'accueil ou les pages d'articles multiplie d'autant les sollicitations visuelles et ne favorise pas une lecture apaisée et concentrée du contenu. On n'est plus dans le dynamisme mais dans la sollicitation excessive : on parle même du syndrome du site « sapin de Noël »…

Femme actuelle, une page d'accueil multipliant les sollicitations.

- En gérant la densité de la page d'accueil : si votre site n'a pas été conçu graphiquement pour une consultation en scroll (graphisme *one-page*), il doit proposer une page d'accueil qui n'imposera pas à l'internaute un long défilement le décourageant assez vite de poursuivre sa lecture.

Ainsi, ce site associatif d'un cinéma parisien, au graphisme de type magazine, propose une page d'accueil se déroulant sur… 17 scrolls ou pages-écran. La une n'est en fait pas gérée de manière sélective et donc plus restreinte : elle recueille tous les nouveaux articles sans distinction, certains doublonnant même dans le carrousel photo et dans la zone *À la une*. Le défilement, très long, est strictement vertical, sans aucune rupture de rythme, ce qui contribue à l'effet de lassitude. Le phénomène est évidemment le même à l'intérieur des sites proposant des articles bien trop longs, dépassant la limite des trois pages-écran (soit environ 3 000 signes). Cet article du figaro.fr sur le boom de l'œnotourisme, d'une longueur de 6 372 signes (correspondant sur le site à cinq pages-écran à cause de l'étroitesse de la colonne centrale), a été repris tel quel de l'édition papier. Cela explique sa longueur et son absence d'aménagement pour le Web (paragraphes trop longs, pas de complément multimédia, pas d'interaction avec l'internaute…).

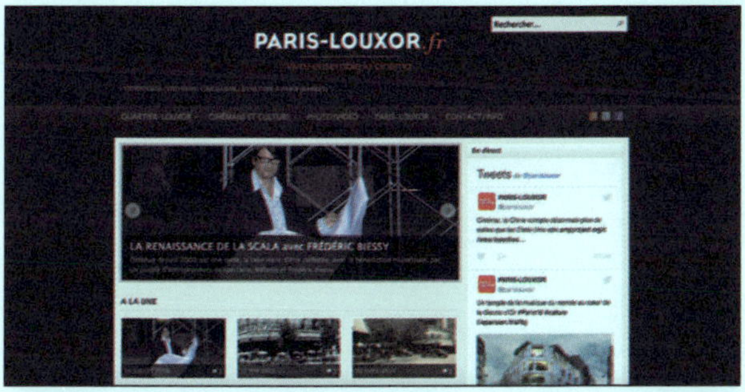

Paris-Louxor, un site à la page d'accueil trop dense.

Le figaro.fr, des articles print repris à l'identique.

Les exemples à suivre

Autant mettre tout de suite les choses au clair : le site parfait n'existe pas ! Comme le montre bien ce guide, le nombre de critères qualité à respecter est si important qu'il est difficile, pour l'équipe éditoriale, de les suivre tous et qui plus est, dans la durée. Certains sites, toutefois, se distinguent pour certains de ces critères. En voici une sélection commentée.

Le site Mangerbouger, une navigation simple… et maligne

Ce site d'éducation alimentaire se caractérise par une navigation en apparence simple qui permet une vision globale rapide de ce que propose le site.

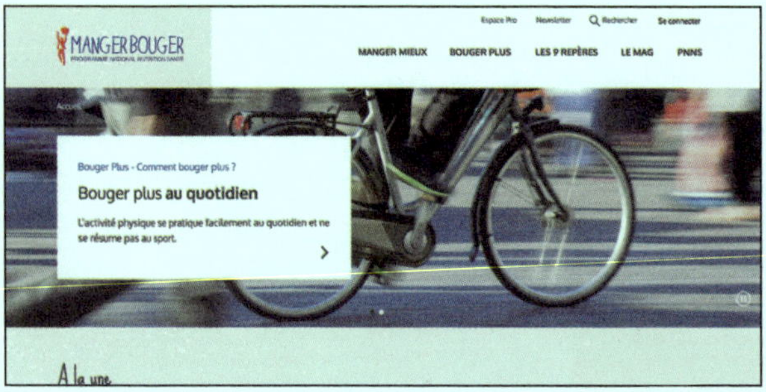

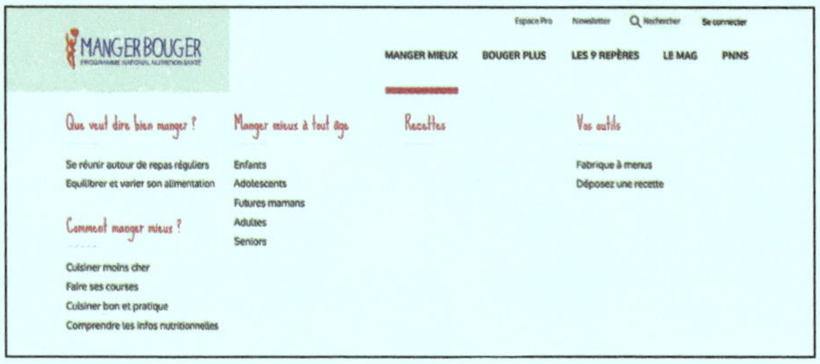

L'arborescence réelle du site, en fait assez dense mais claire, n'apparaît qu'au survol de chacun des éléments de premier niveau de la barre de navigation.

Voyage-langue.com, une page d'accueil maîtrisée

Sur ce site spécialisé dans les séjours linguistiques, la page d'accueil se limite à trois pages-écran, trois bandes horizontales avec, pour chacune, un nombre limité d'éléments et une cohérence éditoriale et visuelle.

La première bande présente le site et sa finalité et permet déjà de consulter son offre de séjours.

La deuxième bande affiche une sélection de contenus recommandés par les pairs (autres visiteurs) comme les séjours récemment réservés ou les villes les plus populaires pour ces séjours ; les séjours linguistiques en promotion se glissent également dans cette partie.

Enfin, la troisième bande présente d'une part les « premières minutes », les stages à peine ouverts et qui offrent des prix attractifs s'ils sont réservés au plus tôt, et d'autre part les réseaux sociaux du site (YouTube, Facebook, Twitter, Google+, Pinterest, Instagram).

Le Monde.fr, une page d'accueil dense mais dynamique

Le site du média de référence *Le Monde*, après plusieurs versions hésitantes, semble avoir trouvé le moyen d'animer graphiquement sa page d'accueil, par nature dense en informations. Le principe est de rompre le défilement vertical prédominant en alternant des rubriques dont les sujets sont présentés à l'horizontale. L'éventuelle lourdeur de cette bande horizontale est elle-même contrée par une colonne verticale qui présente des contenus liés à cette rubrique, comme ici les blogs et les débats liés à la rubrique International.

Mariage.net, des articles à la mise en page soignée

Les articles du site Mariage.net adoptent une mise en page sobre et efficace, qui facilite la lecture.

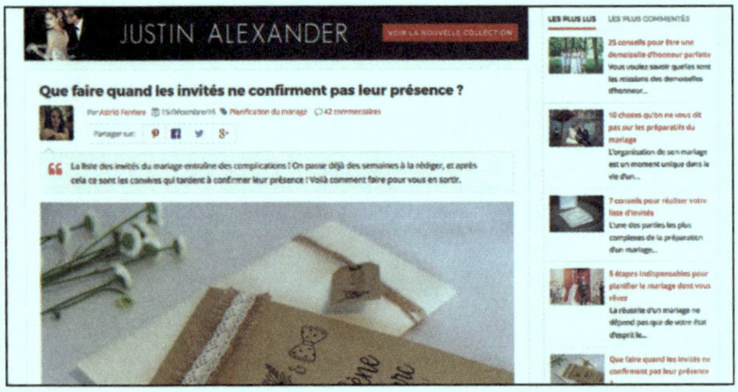

Une structure en deux colonnes, l'une visiblement majeure pour le rédactionnel (occupant environ 70-80 % de la largeur) et le reste pour les parties périphériques, services ou publicité.

Une première page-écran qui donne l'essentiel : le titre, le chapeau et une photo en rapport avec le sujet.

L'article, qui ne dépasse pas trois pages-écran, est très bien morcelé, avec des paragraphes courts, faciles à lire, et des intertitres qui relancent la lecture.

En résumé

Pour dynamiser la page d'accueil

- Respectez les standards graphiques en vigueur : largeur de page, adaptation des pages aux différents supports de consultation (ordinateur, tablette, téléphone portable).

- Facilitez la première consultation : nombre limite de zones dans la page, barre de navigation unique ou limitée - moins de huit éléments dans cette barre - et de préférence horizontale, nombre limité d'éléments dans la barre de navigation.

- Soignez le découpage de votre écran : limitez le nombre d'écrans de défilement et proposez une unité éditoriale pour chaque écran ou tranche horizontale, alternez consultation horizontale et verticale si votre page d'accueil est dense.

Pour dynamiser la page d'un article

- Adoptez une mise en page simple, rapidement compréhensible : privilégiez une structure en deux zones principales et de taille inégale, la plus grande pour le rédactionnel et la plus petite (colonne latérale) pour les contenus périphériques.

- Limitez le nombre de défilements nécessaires (scrolls) pour lire votre article, et donc limitez sa longueur.

- Soignez la présentation de votre texte : pensez à morceler votre texte en paragraphes « digestes » et à relancer la lecture, par exemple avec des intertitres.

3

Savoir-faire

Le point sur votre site : l'audit éditorial

Les premières parties de ce guide vous ont permis d'évaluer l'ergonomie et la lisibilité de votre site, obstacles éventuels pour accéder à son contenu. Passons maintenant à la dynamisation concrète de celui-ci.
Quelques points à garder à l'esprit pour assurer cette dynamisation :

- Un site dynamique propose des informations, mais aussi des services (possibilité de réserver, d'acheter, de s'abonner à une newsletter, etc.).
- Un site dynamique propose des raisons de rester sur le site, mais aussi de revenir (mises à jour régulières des informations, rendez-vous réguliers, nouveautés, etc.).
- Un site dynamique propose aux lecteurs de consulter, mais aussi de diffuser : si votre contenu est intéressant, tout doit être fait pour favoriser son partage.
- Un site dynamique sait plaire aux lecteurs autant qu'aux moteurs : son contenu est rapidement accessible et référençable.

Après quelques années d'existence, votre site a certainement trouvé son rythme de croisière... ou ronronne gentiment dans un fonctionnement routinier. Un point précis sur son contenu, l'audit éditorial, va permettre de distinguer ses points forts et ses points faibles.
Trois outils vont vous permettre de mener ce travail en profondeur :

- Un questionnaire d'analyse pour une première approche.
- Une grille qualité qui reprend point par point les éléments à vérifier et à dynamiser.
- Une charte éditoriale, qui reprend les éléments observés et pose les règles de fonctionnement du site au jour le jour. Ce document servira de boussole aux contributeurs de votre site.

Outil 1 : le questionnaire

Nature de la cible

- Quelle cible visez-vous avec votre site ?
- Visez-vous plusieurs cibles ? Si tel est le cas, quelle est la cible prioritaire ? Quelles sont les cibles secondaires ?
- Quels sont les besoins de votre cible / vos cibles : quelles informations recherche(n)t-elle(s) ? Quels services lui / leur seraient utiles sur votre site ?
- Votre cible / vos cibles a-t-elle / ont-elles évolué depuis la création du site ? Quelles sont ses / leurs demandes aujourd'hui ?

Finalité du site

- Pourquoi avez-vous créé ce site ? Cette raison est-elle toujours d'actualité ?
- Quelle est la finalité, l'objectif à court ou moyen terme de votre site ? Qu'attendez-vous de votre / vos cible(s) ?

Nature des contenus

- Que trouve-t-on globalement sur votre site : des informations ? des services ? des documents à télécharger ? des produits à acheter ? des réflexions ? des échanges avec votre public cible ?
- Les contenus de votre site sont-ils pertinents : correspondent-ils aux besoins d'informations / de services de votre / vos cible(s) ?
- Quels médias utilisez-vous sur votre site : des textes ? des visuels ? des sons ?
- Quels types de texte trouve-t-on sur votre site : brèves ? articles de synthèse ? articles d'analyse ? comptes rendus ? interviews ? témoignages ? reportages ? enquêtes ? dossiers ? documents à télécharger ?
- Quels types de visuels trouve-t-on sur votre site : photos seules ? galerie d'images fixes ? diaporamas ? vidéos ? cartes ? infographies ? animations ? chronologies interactives ?
- Quels types de sons trouve-t-on sur votre site : sons en écoute simple ? documents audio à télécharger ?

Outil 2 : la grille qualité

Éléments génériques du site

- Ligne éditoriale du site (quel public, quels types d'information, quel traitement) : est-elle explicite (page dédiée comme Pourquoi ce site ?), est-elle claire ?
- Titre du site : est-il explicite ? le lien avec l'adresse URL du site est-il clair ?
- Slogan du site (*baseline*) : votre site a-t-il un slogan expliquant son propos et l'intérêt pour l'internaute ? S'il n'en a pas, serait-il pertinent d'en ajouter un pour expliciter sa finalité ?
- Navigation : votre site a-t-il un ou plusieurs menus pour la navigation ? Sont-ils cohérents entre eux et complémentaires ?
  Pour chaque menu :
- La hiérarchie des éléments du menu est-elle claire et cohérente (du plus important au moins important, de l'actu la plus « chaude » au contenu le plus « froid », des informations aux services, etc.) ?
- Le nom des rubriques et des éléments du menu est-il clair et sans équivoque ? Ces noms vont-ils faciliter le référencement ?

Éléments de contenu du site

Textes

- Variété des angles proposés : didactique ? pratique ? technique ? économique ? culturel ? institutionnel ? humain (psychologique) ? ludique ? humoristique ? polémique ?
- Variété des genres journalistiques proposés : brèves ? articles de synthèse ? articles d'analyse ? comptes rendus ? interviews ? témoignages ? reportages ? enquêtes ? dossiers ?
- Qualité de la construction : message essentiel au début, hiérarchisation claire des informations, progression claire et sans répétition.
- Qualité des informations : originales, intéressantes pour le lectorat, fiables, actualisées.
- Variété des longueurs de texte : court / moyen / long / trop long (au-delà de 3 000 signes).
- Longueur des paragraphes : standard (trois à cinq lignes) / très court / très long.
- Longueur des phrases : court / moyen / long / trop long (au-delà de 13-14 mots par phrase), construction claire des phrases (syntaxe).
- Styles rédactionnels : informatif / didactique / institutionnel / personnel / humoristique ou décalé...

- Qualité de l'écriture : densité (pas de redondances, de mots inutiles), précision (mots justes et adaptés au lectorat), concision (mots courts et concrets), qualité orthographique et typographique.
- Qualité de l'édition :
    - Présence de niveaux de lecture dans le texte (intertitres tous les deux ou trois paragraphes, accroche ou relance).
    - Présence de niveaux de lecture hors texte (chapeau, titre).
    - Qualité des titres : courts, explicites, justes, informatifs, originaux, référençables, fidèles au texte, indépendants du texte.
    - Qualité de l'attaque et de la chute : originale, claire.

Visuels

- Qualité des photos : pertinence par rapport au sujet traité et à l'angle, plus-value informative, qualité technique (netteté, cadrage, résolution), variété (plans, disposition – portrait / paysage, tailles), qualité de l'édition (légendes).
- Qualité des diaporamas : pertinence par rapport au sujet traité et à l'angle, plus-value informative, nombre de photos adapté (entre 7-8 et 15 photos), qualité des photos, pertinence de la construction, pertinence et qualité des autres médias (légendes / voix off et / ou fond sonore), vitesse adaptée pour le défilement, qualité de l'édition.
- Qualité des vidéos : pertinence par rapport au sujet traité et à l'angle, plus-value informative, qualité technique (netteté, cadrage, résolution, son), durée adaptée au Web, qualité de l'édition (titre), ergonomie (consultation intuitive, possibilité de plein écran).
- Qualité des infographies : pertinence par rapport au sujet traité et à l'angle, plus-value informative, représentation visuelle adaptée aux chiffres présentés, lisibilité générale, qualité de l'édition (titre, légende éventuelle).

Sons

- Pertinence par rapport au sujet traité et à l'angle.
- Qualité du son, longueur adaptée à la consultation web.
- Mode de consultation pertinent (écoute / podcast).

Éléments d'animation du site

Après la consultation des contenus, quelles autres possibilités d'interaction pour l'internaute ?

- Expression d'opinion : possibilité de commentaire, de témoignage, de vote (sondage) ?
- Action : lecture d'autres contenus (suggestion de lectures), demande de conseil (mail de contact, *chat*), achat de produits ou de services (abonnement), inscription à un événement, inscription à une publication (newsletter), manipulation d'objets (infographies interactives, animation), participation à un jeu / quiz / concours ?
- Production d'informations : envoi de textes, de photos au site ?
- Personnalisation : création d'un dossier / d'un espace personnel ?

Après la consultation du site, quelles autres interactions avec l'internaute ?

- E-mailing ?
- Questionnaire de prospection / de satisfaction ?
- Offres commerciales ?

Autour du site, quel dispositif ?

- Newsletter, générique ou spécifique ?
- Blog(s) associé(s) aux contributeurs du site ou à certains thèmes récurrents ?
- Réseaux sociaux : adaptés à la cible ? quelle finalité pour chaque réseau social ?
- Applications : pertinence d'une application servicielle ? quelle finalité pour chaque application ? quelle interopérabilité (fonctionnement sous tous les systèmes d'exploitation) ?

La charte éditoriale du site

Document de référence de toute publication print ou web, la charte a pour vocation de poser les règles liées au contenu. Si des décisions précises sont prises pour dynamiser celui-ci, elles trouveront tout naturellement leur place dans ce document.

Des exemples sont présentés en annexe de ce guide :

- Une matrice qu'il vous suffira de reprendre, de simplifier ou d'enrichir (p. 155).
- Deux déclinaisons de cette matrice pour deux sites, l'une simple (site Nantes Métropole), l'autre plus élaborée (site Savoir Manger) (p. 155-157).

D'autres peuvent être étudiés en ligne :

- L'exemple de la charte des sites de l'université de Neuchâtel, claire et fournie (www.unine.ch/aide/home/charte_redactionnelle_1.html).
- Enfin, la charte du site Mediapart, orientée sur les règles de contribution des internautes sur le site (blogs.mediapart.fr/charte-de-participation).

Il ne vous reste plus qu'à composer la vôtre, pour votre site, mais aussi celle des autres publications de votre dispositif web (charte des réseaux sociaux, notamment). Un dernier conseil : soyez précis, mais simple. N'oubliez pas que cette charte doit être un document de travail opérationnel, et pas une bible exhaustive… mais inutilisable.

À vous de jouer !

Vous pouvez initier dès maintenant le travail de réflexion nécessaire à la rédaction de votre charte éditoriale. Pour une première approche, le questionnaire ci-dessous se concentre sur les éléments essentiels d'une publication web : public, contenu, interactivité, interaction… Les réponses que vous y apporterez vous permettront d'y voir plus clair et de poser les règles de fonctionnement de votre site.

La ligne éditoriale de votre site

Votre public cible

Quel public visez-vous avec votre site ? Si vous visez plusieurs publics, lequel est prioritaire ?

Que savez-vous de ce public ?

- Ses caractéristiques générales : âge, sexe, profession, classe socio-économique…
- Ses caractéristiques spécifiques : ses besoins d'information propres, ses besoins de service (annuaire, personnes contact…).

Votre contenu informatif

Sur votre site, que proposez-vous pour répondre aux besoins de votre cible ?

- Informations « chaudes » : actualité, flashs info, dossiers…
- Informations « froides » : présentation du site et de sa finalité pour votre cible, présentation de services recherchés par votre cible, présentation des personnes contact pour chaque besoin spécifique de votre cible…

Comment structurez-vous votre contenu ?

- Quelles rubriques proposez-vous ?
- Quelles pages isolées proposez-vous (contact, abonnement…) ?
- Comment présentez-vous ces éléments dans votre barre de navigation (menu) du plus important au moins important ? par ordre chronologique ? par ordre alphabétique ?

Comment présentez-vous votre contenu ?

- Avez-vous choisi un ton général pour l'ensemble des informations de votre site : institutionnel, commercial, didactique, décalé ou humoristique… ? Cherchez-vous à varier ce ton ?
- Quels genres journalistiques utilisez-vous sur votre site : flashs, brèves, interviews, reportages, portraits, éditos, synthèses, analyses, dossiers… ? Cherchez-vous à varier ces genres ?
- Quels angles journalistiques utilisez-vous pour transmettre les informations sur votre site : didactique, pratique, technique, ludique, psychologique, visuel… ?

Votre charte éditoriale et graphique

Comment est structurée votre page d'accueil ?

- Sur le plan horizontal : quels contenus utilisez-vous dans la partie principale / dans les parties périphériques de vos pages (en-tête, barre latérale, pied de page) ?
- Sur le plan vertical : quel contenu (informations, services) apparaît en premier quand l'internaute arrive sur votre page d'accueil ? quand l'internaute fait défiler verticalement votre page d'accueil (scroll) ? quel contenu apparaît dans le deuxième écran, puis dans le troisième… ? quelle est la « longueur » de votre page d'accueil en nombre d'écrans / de scrolls ?

Comment sont structurées les pages intérieures de votre site ?

- Quelle répartition générale : partie centrale / parties périphériques ? quels niveaux de lecture : surtitres ? titres ? chapeaux introductifs / intertitres ? légendes pour vos visuels ?
- Quelle structuration de vos contenus : quelle longueur de texte (format) ? quelle longueur des paragraphes (morcellement) ? quel alignement / justification (aligné sur la marge gauche ? droite ? justifié ? centré ?) ? quelle utilisation des visuels (pas de photo ? une photo systématique ?) ?
- Quelle présentation de vos contenus texte : présence d'informations périphériques : date ? auteur ? rubrique ? mots-clés ? liens vers les réseaux sociaux ? possibilité d'impression ? règles typographiques : quelle utilisation du gras ? de l'italique ? des majuscules et minuscules ?
- Quelle ergonomie de vos contenus multimédia : fonctionnalités claires ? mode d'emploi éventuel ?

Votre pratique du référencement

Votre site est-il paramétré techniquement pour favoriser le référencement ?

Pour votre référencement naturel

- Utilisez-vous des mots-clés pour accompagner vos textes ? vos autres contenus (visuels, sons, etc.) ?
- Intégrez-vous ces mots-clés dans vos textes ? dans les niveaux de lecture (titre, chapeau, intertitre) ?
- Vos contenus sont-ils originaux ou repris / copiés sur d'autres publications ?
- Cherchez-vous à développer l'interactivité de vos contenus : liens externes vers d'autres sites ? liens internes vers vos archives ? liens entrants pointant vers vos contenus ?

Votre pratique de l'interactivité

Insérez-vous des liens dans tous vos contenus ?

Combien de liens insérez-vous dans chaque contenu ?

Où placez-vous ces liens ?
À l'extérieur du texte (pavé Pour aller plus loin, par exemple) ? dans les textes pour enrichir la lecture ? à l'intérieur et à l'extérieur ?

Insérez-vous vos liens sur des segments courts (quelques mots pertinents) ou sur des phrases entières ?

Comment signalez-vous les liens à l'internaute ?
Mots soulignés ? utilisation du gras ? couleur spécifique ?

Quand on clique sur l'un de vos liens, ouvre-t-il une nouvelle page ?

Vos interactions avec l'internaute

Parallèlement à la consultation de vos contenus, quelles autres possibilités d'interaction proposez-vous à vos internautes ?
- rédaction de commentaire ?
- expression d'opinion (témoignage) ?
- réponse à des sondages ?
- partage de vos contenus (réseaux sociaux) ?
- participation à des quiz ?
- abonnement à une newsletter ?
- inscription à des événements ?
- achat de produits ?
- création d'un espace personnel ou d'une communauté ?

Quelles règles avez-vous posées pour ces contributions ?
Comportement, contenus interdits… (charte) ?

4

Savoir-faire

Le travail sur les textes

Principale richesse des sites web, les textes peuvent être abordés de multiples façons. Jouer sur toutes ces facettes permettra de sortir d'un traitement stéréotypé de votre information. Cette diversification constitue la principale source de dynamisation éditoriale.

Jouer sur les formats

Proposer des longueurs de textes différentes sur votre site répond à des caractéristiques particulières de l'internaute : son manque de temps et de disponibilité, et une capacité d'attention très variable. Il faut donc lui proposer des formats et des longueurs adaptés à une pratique de lecture zapping ou, au contraire, à une envie d'approfondissement.

Le flash info

Très court (70 à 140 signes, 25 mots maximum), il a pour vocation de défiler sur un écran dans un fil d'info ou sur un réseau social (Twitter, le plus souvent). Il résume l'information essentielle et urgente en une phrase : QUI a fait QUOI, QUAND, OÙ et POURQUOI ? C'est ce que les Anglo-Saxons appellent la règle des 5 W : WHO (qui) did WHAT (quoi), WHEN (quand), WHERE (où) and WHY (pourquoi). Sur un site, les flashs prennent souvent la forme d'un fil déroulant dans la partie supérieure ou inférieure de la page d'accueil. Ils lui donnent l'image d'un site réactif et informé, qui mérite une visite pour ne rien manquer de l'actualité d'un territoire, d'une entreprise ou d'une thématique. Ces informations express sont souvent relayées, ou de plus en plus souvent publiées directement, sur le fil Twitter du site dont le flux pourra aussi apparaître sur la page d'accueil. L'édition du flash est souvent quasi inexistante : pas de titre, parfois seulement un mot-clé au début pour capter l'attention. Le flash, enfin, est éphémère : il a vocation à disparaître purement et simplement après quelques dizaines de minutes, ou à être remplacé par un développement de l'information qu'il présentait, sous forme de brève ou d'article.

L'intérêt pour votre site
Montrer que la thématique que vous traitez est chaude, avec une actualité riche que vous suivez de manière étroite, et que vous menez une veille active dont vous faites profiter votre internaute en l'informant de manière quasi instantanée.

La brève

Un peu plus étoffée (250 à 300 signes, 40-50 mots maximum ou trois phrases environ), mais encore concentrée sur l'info, elle se compose de deux ou trois phrases. La première phrase en donne tous les éléments, une pratique résumée par la formule anglo-saxonne des 5 W (voir p. 47). Ce qui est dit ensuite est variable. Les structurations peuvent être les suivantes :

- Après l'information principale, une information secondaire qui est liée puis une information mineure elle aussi en lien avec la première.
- Plus de détails sur l'information et les suites attendues.
- Les causes / le contexte de cette information et les conséquences possibles.

Pour être plus attrayants, ces textes de deux ou trois phrases peuvent être rassemblés dans une rubrique spécifique pour un effet « collection » (En bref, Actu express, L'info sur le fil, etc.). L'édition de la brève est simple, avec un seul niveau de lecture : le titre, en général court, clair, et factuel ou accrocheur. L'interactivité (présence de liens) est souvent absente : la brève, par nature, livre toute l'information et ne nécessite pas le renvoi vers un autre texte.

L'intérêt pour votre site
Proposer une lecture zapping correspondant au peu de temps disponible des internautes qui, malgré cette contrainte forte, continuent à vous lire ; aborder, même brièvement, une grande variété de sujets ; enfin, montrer là encore que vous êtes informé sur tout ce qui se passe dans votre secteur, même si vous n'en proposez qu'un traitement succinct.

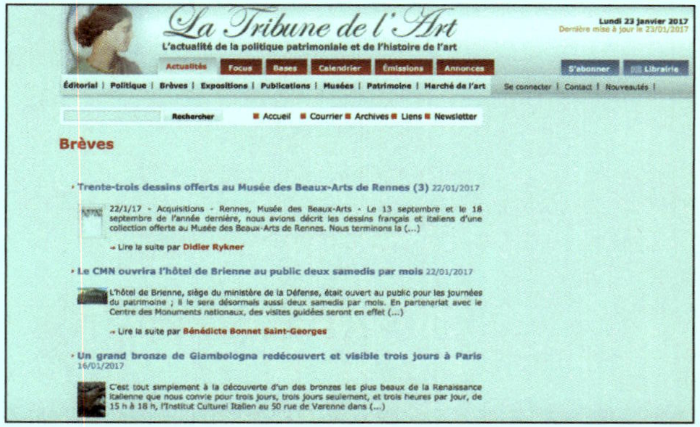

Brèves sur le site La Tribune de l'Art.

Le filet

D'une longueur intermédiaire (environ 1 000-1 200 signes, 160-170 mots maximum, deux à trois paragraphes de quatre à cinq lignes), ce format est le plus fréquent. Le texte tient en général sur une seule page-écran et cette vision d'ensemble permet au lecteur de mesurer l'effort, le temps de concentration demandé pour la lecture. Ce format d'article court structuré en deux ou trois paragraphes s'appuie sur un plan simple déjà évoqué plus haut :

- L'information majeure ou message essentiel, les informations secondaires puis les informations mineures (plan en pyramide inversée, de l'information majeure à l'information la moins importante).
- L'information majeure ou message essentiel, les causes ou le contexte, les conséquences ou les développements à prévoir (plan analytique).
- L'information majeure ou message essentiel, les pour, les contre (plan dialectique), valable bien sûr pour certains sujets seulement.

L'édition de ce type d'article est un peu plus riche, avec un titre plus long et, parfois, un chapeau synthétisant en une phrase le contenu du texte. L'interactivité commence également à apparaître dans ce format, souvent sous la forme de liens en fin de texte.

L'intérêt pour votre site

Le volume supérieur est aussi une promesse de contenu, d'un développement suffisamment important pour satisfaire le besoin d'information et de compréhension du lecteur. Ce format « passe-partout » facilite la consultation de votre site et lui donne aussi plus de substance que les simples brèves.

Filets sur le site de l'office du tourisme de Charente-Maritime.

L'article classique

D'un format variable (de un à deux feuillets, de 1 500 à 3 000 signes), l'article de fond standard propose une synthèse informée et didactique sur un sujet donné. Son plan est souvent similaire à celui du filet, les développements sont simplement plus importants. Ce texte plus long affiche une édition plus élaborée utilisant de nombreux niveaux de lecture : titre, chapeau systématique de deux lignes ou deux phrases, intertitres tous les deux ou trois paragraphes pour rythmer la lecture, parfois une accroche ou relance dans le texte pour casser la monotonie du gris du texte, présence d'un ou plusieurs visuels dans le même esprit. L'interactivité est présente et attendue par l'internaute, sous différentes formes :

- Des liens dans le texte pour éclaircir / compléter certains points abordés.
- Des liens de référence en fin de texte.
- Des suggestions de lecture sur le même sujet sous la forme de renvois vers d'autres articles.

L'intérêt pour votre site
Les articles de fond traduisent l'identité de votre site, la ligne éditoriale suivie, la valeur de son contenu et l'originalité de son traitement. À eux seuls, ils justifient les nouvelles visites des internautes.

Le *long form* ou *long story*

Pratique récente importée des États-Unis, les *long stories* mettent en valeur un gros reportage ou une enquête. Avec ce format, on est au-delà de l'article, on embarque le lecteur dans une histoire, et la frontière entre écriture informative et littéraire est parfois mince. Ce format est en outre fortement multimédia, ce qui le rend encore plus attirant.

L'édition est très variée et joue sur tous les niveaux de lecture évoqués plus haut, les visuels étant systématiquement titrés et / ou légendés. Ces sujets longs, déployés sur plusieurs pages-écran, se lisent en scroll, par défilement vertical. Pour réaliser ces contenus multimédia, des outils spécifiques mais souvent simples d'utilisation sont nécessaires, comme Creatavist. Le résultat final apparaît alors grâce à une adresse URL spécifique. Si votre site est conçu sous le CMS WordPress, vous serez gâté : les plugins pour les *long forms* ne manquent pas.

L'intérêt pour votre site
Ce traitement de l'information original et multimédia permet d'aborder des gros sujets qui restent lisibles et attractifs malgré leur densité.

MARSEILLE
La frondeuse

Il est d'autant plus facile de véhiculer des clichés sur Marseille que ses habitants s'y attellent eux-mêmes avec délectation.

Qu'est-ce qui fait de Marseille une ville si différente ?
" Son soleil ", nous répondent en chœur les habitants que nous avons croisés au cours des trois jours de déambulation dont nous entamons ici le récit.
Qu'est-ce qui a changé depuis l'époque de la French Connection ? « Je suis une personne qui est connue et j'ai pas envie d'avoir des problèmes. Allez demander à quelqu'un d'autre », s'emporte un pêcheur adossé au Mucem et probablement préoccupé par le regard inquisiteur des poissons. Les Marseillais seraient-ils plus prompts à
prendre quelques libertés avec la loi ? « Ils ne font que reproduire l'exemple donné par les élus locaux », sourit un ancien magistrat.

Trois jours, trois journalistes septentrionaux : vagabondez à travers la ville, en images, à l'écoute d'une ville excessive, à travers ses rues crasses et en enjambant les poubelles oubliées, en évitant -surtout- les rafales de « kalach » louvoyant depuis les quartiers Nord.

Mais rassurez-vous, la réalité est plus prosaïque. Même si elle est tout aussi chantante.

Début de l'article *long form Marseille La frondeuse* sur La Voix du Nord.

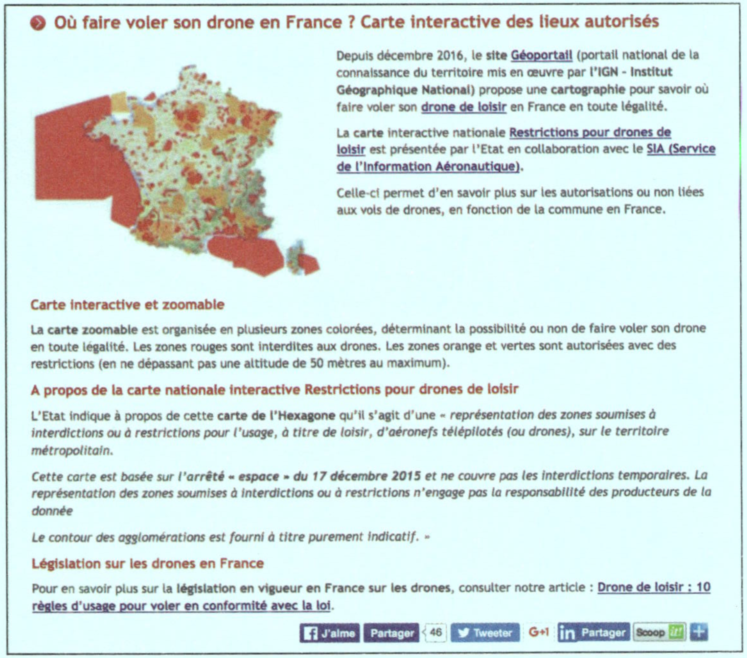

Où faire voler son drone en France ? Carte interactive des lieux autorisés

Depuis décembre 2016, le **site Géoportail** (portail national de la connaissance du territoire mis en œuvre par **l'IGN - Institut Géographique National**) propose une **cartographie** pour savoir où faire voler son drone de loisir en France en toute légalité.

La **carte** interactive nationale Restrictions pour drones de loisir est présentée par l'Etat en collaboration avec le SIA (Service de l'Information Aéronautique).

Celle-ci permet d'en savoir plus sur les autorisations ou non liées aux vols de drones, en fonction de la commune en France.

Carte interactive et zoomable

La **carte zoomable** est organisée en plusieurs zones colorées, déterminant la possibilité ou non de faire voler son drone en toute légalité. Les zones rouges sont interdites aux drones. Les zones orange et vertes sont autorisées avec des restrictions (en ne dépassant pas une altitude de 50 mètres au maximum).

A propos de la carte nationale interactive Restrictions pour drones de loisir

L'Etat indique à propos de cette **carte de l'Hexagone** qu'il s'agit d'une « *représentation des zones soumises à interdictions ou à restrictions pour l'usage, à titre de loisir, d'aéronefs télépilotés (ou drones), sur le territoire métropolitain.*

*Cette carte est basée sur l'**arrêté « espace » du 17 décembre 2015** et ne couvre pas les interdictions temporaires. La représentation des zones soumises à interdictions ou à restrictions n'engage pas la responsabilité des producteurs de la donnée*

Le contour des agglomérations est fourni à titre purement indicatif. »

Législation sur les drones en France

Pour en savoir plus sur la **législation en vigueur en France sur les drones**, consulter notre article : Drone de loisir : 10 règles d'usage pour voler en conformité avec la loi.

Un article de fond bien édité sur NetPublic Drone.

À vous de jouer !

Le contenu *long form* s'apparente à un dossier multimédia dont la lecture serait verticale. Comme pour tout dossier (papier ou web), sa construction devra être pensée en termes d'angles, qui découpent ce contenu en parties cohérentes, « digestes » (pas trop longues) et complémentaires. La spécificité du multimédia entre en piste avec l'attribution, pour chaque angle abordé, du média le plus pertinent.

Étape 1 : définissez vos angles… et hiérarchisez-les

Si vous pensez à un sujet pour un *long form*, c'est certainement en raison de sa richesse, de sa densité et de la multiplicité des aspects qu'il présente. Chacun de ces aspects est un angle au sens journalistique du terme, comme nous l'expliquons plus loin. Il existe une grande variété d'angles : didactique, pratique, technique, comparatif, économique, politique, social, mais aussi institutionnel, ludique, humoristique…

Votre travail :

- Dans votre sujet, repérez les types d'information (pratiques, techniques, explicatives / didactiques, sociales…).
- Séparez ces grandes parties : ce sont les angles. Hiérarchisez ces angles pour définir l'ordre dans lequel ils vont apparaître dans votre long form : angle 1, angle 2, angle 3, etc.

Étape 2 : choisissez vos médias… et diversifiez-les

Pour chacun des angles retenus, vous allez attribuer un média. Chacun des médias disponibles pour le Web a sa spécificité :

- Le texte : explication du complexe, analyse.
- Le visuel : identification, immersion dans l'information (diaporama, vidéo), empathie et émotion, explicitation (infographie).
- Le son : restitution d'une personnalité, d'une émotion, d'une expertise, d'une ambiance.
- L'animation interactive : consultation souple d'un contenu dense (chronologie interactive ou *timeline*), implication de l'internaute dans la production de sens (infographie interactive).

Votre travail :

- Attribuez à chaque angle le média le plus approprié en fonction des spécificités énoncées ci-dessus, mais aussi de critères qui vous sont propres (compétences en interne, disponibilité du matériel nécessaire, temps, coût…).
- Quand vous aurez terminé ces associations, vérifiez que l'ensemble est bien diversifié et qu'un média n'est pas prédominant (trop

de texte ou trop de visuel, par exemple). Cela permettra de donner du rythme à votre *long form* et d'éviter une lassitude dans la lecture (voir ci-dessous).

Étape 3 : pensez à l'internaute… et faites-le agir

Votre *long form* est maintenant prêt, il ne vous reste plus qu'à le construire concrètement avec des outils comme Atavist (atavist.com). Atavist est un outil de publication web pour les sujets multimédia riches en contenu. Sa particularité : combiner facilement textes, photos de toutes tailles et vidéos en un gros sujet – reportage, enquête – que l'internaute peut parcourir en le faisant défiler verticalement *(scrolling)*. La lecture verticale et les difficultés de lecture sur écran peuvent générer de la lassitude puis l'abandon pur et simple de la lecture. Pour pallier ce problème, vous devrez capter en permanence l'attention de votre internaute.

Votre travail :

- Assurez-vous que votre *long form* est bien rythmé. Chaque partie traitée ne dépasse pas deux ou trois pages-écran, un seuil au-delà duquel l'internaute devient souvent moins attentif et décroche. Une règle simple : toutes les deux ou trois pages-écran, changez de média.
- Impliquez votre internaute : vous pouvez ponctuer votre *long form* d'interactions comme un mini-sondage, un appel à témoignages, des liens pour des compléments d'informations…

Jouer sur les genres journalistiques

Tout le monde connaît les genres journalistiques les plus courants : l'interview, le reportage, le portrait. Certains sont particulièrement attirants parce qu'ils privilégient l'humain (interview, portrait, témoignage…) et donc la proximité, voire l'empathie. D'autres promettent une densité en informations (dossiers, enquêtes) qui sera la bienvenue pour compenser le « survol d'informations », mode de consultation le plus courant sur le Web.

Mais au fait, un genre journalistique, qu'est-ce que c'est ? Pour dire les choses simplement, c'est un traitement de l'information qui va privilégier une « porte d'entrée » particulière : la réflexion ou la sensation, le survol rapide ou la lecture en profondeur, le visuel…

Il suffit de parcourir la plupart des sites web pour constater que les textes proposés à la lecture le sont pratiquement toujours sous la même forme, le même genre journalistique : l'article (de fond ou pas) est une synthèse, plus ou moins bien faite, d'informations collectées ailleurs. La recette pour dynamiser son contenu est alors toute trouvée : proposer au lecteur une variété de genres journalistiques pour traiter les sujets.

L'attrait du traitement court

Outre les formats courts déjà développés plus haut (flash info, brève, filet), d'autres genres journalistiques de longueur limitée se révèlent attirants pour l'internaute.

La revue de presse (ou zapping)

La revue de presse, genre journalistique courant des médias classiques, s'est naturellement intégrée au média web : elle prend la forme d'une sélection d'articles ou de sites web de référence dont vous recommandez la consultation. Pour être intéressante et crédible, elle doit comporter un minimum de quatre ou cinq entrées et ne pas dépasser la dizaine afin de rester digeste et lisible.

L'intérêt pour votre site
Ici, votre plus-value n'est pas dans le rédactionnel mais dans l'éditorial : vous ne produisez pas le contenu, mais vous montrez que vous savez le repérer, le sélectionner et, souvent, le commenter pour le bénéfice de votre internaute. Ce dernier point est important : une revue de presse – sélection des meilleurs articles publiés ailleurs – ou une « revue du Web » – sélection des meilleurs sites sur une thématique – prendra une valeur supplémentaire si elle est commentée par vous, si vous dites en deux ou trois lignes l'intérêt pour l'internaute de cliquer et d'aller lire ou parcourir ce que vous avez choisi pour lui. Autre avantage non négligeable pour votre public cible : le gain de temps.

La revue du Web du site Bonne Gueule permet le repérage rapide des nouveaux produits et des tendances.

L'interview courte (type « 3 questions à... »)

Il n'y a pas qu'une seule forme d'interview, mais la plus courte, le « 3 questions à... », est particulièrement adaptée pour le Web. Sa brièveté demande un effort d'attention limité, sa structuration ternaire lui donne un rythme. Cette technique (utiliser trois adjectifs, trois noms, trois phrases identiques) est bien connue des journalistes, communicants, orateurs, hommes politiques, mais aussi des chanteurs et poètes ! En effet, avec trois expressions de nature identique, on marque plus facilement les esprits.

L'intérêt pour votre site

Ce type d'interview a aussi pour avantage de mettre en lumière un ou une spécialiste, et donc de proposer sur votre site du contenu expert, du condensé de sens qui accroît la plus-value et l'intérêt de votre site. Rien n'interdit, en outre, d'installer cette interview dans une périodicité, si possible hebdomadaire, *L'interview du vendredi*, par exemple. Ce principe de rendez-vous contribuera à fidéliser votre internaute.

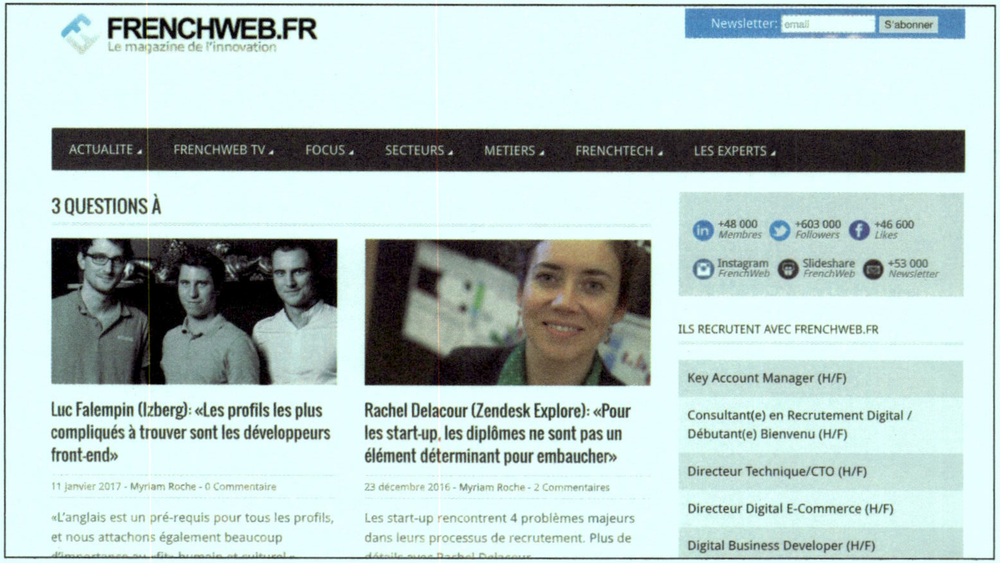

La rubrique « 3 questions à » du site FrenchWeb.

Le billet ou la chronique

Le principe est simple : proposer à un spécialiste et/ou à une « plume », une personne douée d'un talent certain pour l'écriture, de s'exprimer sur un sujet d'actualité ou sur la thématique du site et dans un format court – en général 1000-1200 signes. Cette brièveté du propos est importante pour ne pas dériver vers un article complet qui essaierait de traiter le sujet en profondeur. Ici est favorisé un style enlevé, percutant, personnel, parfois décalé ou humoristique, neutre ou au contraire de parti pris, mais toujours argumenté. Ce genre journalistique assez classique – c'est le traditionnel « billet d'humeur » – peut là encore être proposé régulièrement et devient alors une chronique. Sur de nombreux sites, ce genre journalistique a été intégré sous la forme de *posts* publiés sur des blogs rattachés au site principal.

L'intérêt pour votre site
Outre le format court, c'est l'approche très personnelle qui fait l'intérêt de ce genre journalistique, mais aussi le ton et, parfois, la qualité d'écriture qui apporte un changement bienvenu pour varier le style rédactionnel du site, souvent exclusivement informatif, clair, mais un peu plat à la longue. Ces billets – ou les blogs des rédacteurs du site – donnent une autre coloration au site, humanisent un média plutôt froid par ces « signatures », ces individus bien réels qui s'y expriment et dans lesquels l'internaute peut se retrouver ou s'identifier.

Billet d'humeur sur le site Elle.fr.

Elle > Psycho & Sexo > Mon mec et moi > Articles

Billet d'humeur : « Faut-il fouiller dans son téléphone ? »

Publié le 6 juillet 2016 à 10h15

Billet d'humeur : « Faut-il fouiller dans son téléphone ? » © Illustration Luna Joulia

Il est minuit vingt-trois, et sur sa table de chevet, l'écran de son téléphone s'allume. Une fois. Deux fois.

L'attrait du traitement en profondeur

Le compte rendu

Le compte rendu est le genre journalistique neutre par excellence : l'objectif, dans ce genre d'article, est de restituer fidèlement les informations collectées dans leur intégralité. Neutre et exhaustif, ce type de texte restitue ce qui s'est passé et dit lors d'une réunion, d'une conférence, d'un procès, d'un événement sportif… Sa structuration est simple, car souvent chronologique.

L'intérêt pour votre site
Ce type de contenu factuel, précis, neutre et exhaustif contribue à positionner votre site comme un média sérieux puisqu'on y trouve ce genre d'informations de référence. Attention toutefois à la lisibilité : les comptes rendus, précis et exhaustifs, sont souvent longs et difficiles à lire sur écran. L'astuce est la suivante : proposer d'abord à la lecture une synthèse courte de trois ou quatre paragraphes (un peu comme un résumé ou *abstract* d'un article scientifique) puis, à la fin, un lien pour télécharger le compte rendu dans son intégralité.

La synthèse

C'est l'article type. Le but du jeu est de faire le tour du sujet en donnant les faits et en en soulignant l'intérêt, les conséquences immédiates ou la portée à moyen ou long terme. Le ton est souvent didactique – pas professoral –, on explique les choses simplement, ce qui n'interdit pas de travailler le style pour capter l'attention. L'expression d'opinions du rédacteur est à proscrire. On attend de celui-ci qu'il donne les faits mais pas son avis. Il y a des genres journalistiques spécifiques pour cela, comme le billet d'humeur ou la chronique (voir p. 57) ou l'éditorial (voir p. 67).

L'intérêt pour votre site
Des synthèses claires, courtes et instructives attirent tout particulièrement l'internaute, car elles l'informent et lui font gagner du temps : pas besoin d'aller collecter les informations dispersées sur un sujet quand on peut lire une synthèse bien faite.

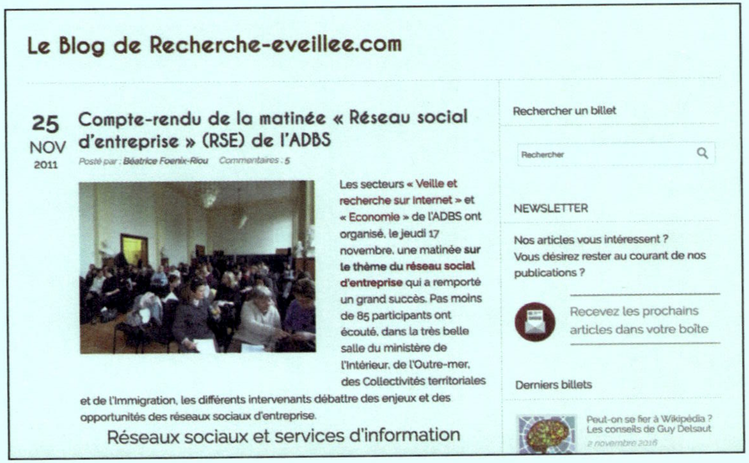

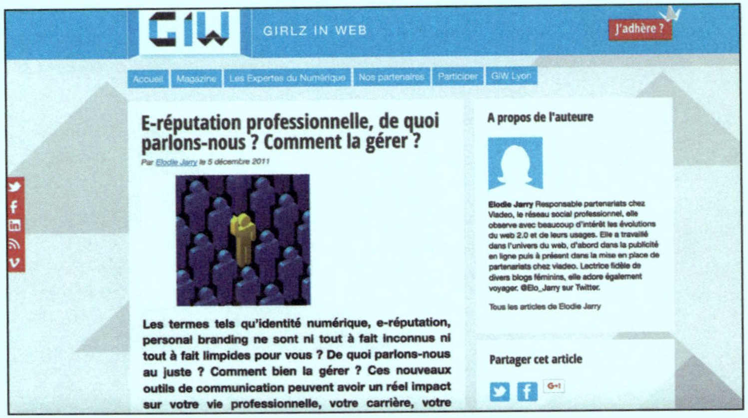

Compte rendu publié sur le blog Recherche éveillée.

Synthèse sur la e-réputation sur Girlz in Web.

L'analyse

Le but des articles d'analyse est « d'expliquer le complexe » : face à un phénomène ou un événement difficilement compréhensible ou suscitant des opinions radicalement différentes, on cherche à expliciter les causes et à présenter les conséquences prévisibles, ou bien à donner les arguments des uns (les pour, par exemple) et des autres (les contre, par exemple).

L'intérêt pour votre site
On sort forcément plus intelligent, ou pour le moins plus instruit, de la lecture d'une analyse claire sur un événement polémique ou un sujet difficile. L'analyse est une illustration typique de ce que peut apporter un article de fond, riche en nuances.

Article d'analyse sur Capital.

Le dossier

Le dossier est un « super genre journalistique » : il intègre en effet plusieurs autres genres abordant le sujet général sous différents angles. Dans la plupart des dossiers, print ou web, on trouve un article principal, synthèse ou analyse, une interview d'expert, un ou plusieurs témoignages, une infographie... L'avantage du Web est que la palette des traitements journalistiques dans un dossier est plus riche, avec les diaporamas, la vidéo, les chronologies interactives, le son, etc.

L'intérêt pour votre site

Sur un site, l'internaute vient tout autant chercher de l'information que de la réflexion. Proposer des dossiers à fréquence régulière comporte de nombreux avantages : présenter une alternative au format court prédominant, confirmer que votre site est un média de référence ne se contentant pas d'aligner les articles courts, même bien faits, mais proposant aussi une approche plus en profondeur des sujets traités. Ces dossiers, surtout s'ils sont produits régulièrement, sont autant de rendez-vous et d'occasions de revenir consulter ces contenus de référence qui resteront pertinents sur une durée plus longue que les articles. Ils sont par nature originaux, une qualité que Google, dans sa logique de référencement, a décidé de mettre particulièrement en avant dans ses pages de résultats. Enfin, ces dossiers, enrichis par des services spécifiques, peuvent constituer une bonne raison de payer un abonnement : il y a de la matière !

Dossier sur le site de la Cité des Sciences.

L’enquête

Par définition, l’enquête se penche sur une question complexe et apporte une ou plusieurs réponses à cette question. Par nature aussi, ce contenu est souvent long puisqu’il est l’aboutissement d’une démarche étalée sur plusieurs semaines ou plusieurs mois. Attention, donc, à l’illisibilité ! Plusieurs options vont permettre de doter ce contenu dense d’un minimum d’attractivité :

- À la manière des articles d’analyse (voir p. 60), on peut présenter l’enquête de façon synthétique (exemple : Les 5 leçons à retenir de notre enquête) puis proposer le téléchargement de l’enquête exhaustive en PDF.
- On peut aussi transformer l’enquête en récit multimédia, avec un accent fort sur les contenus visuels. L’ensemble des informations, textes, visuels, sons, devient ainsi beaucoup plus digeste.
- Enfin, on peut associer l’internaute à l’enquête, créer ainsi une dynamique et présenter ensuite les résultats de cette investigation qui s’appuiera sur les larges échantillons que permet de constituer le Web.

L’intérêt pour votre site
On retrouve les multiples avantages cités précédemment, de la profondeur du traitement journalistique proposé à la création d’un contenu original, car apportant une réponse unique et rare à des problèmes complexes. Ultime avantage : la possibilité d’associer l’internaute à votre démarche d’investigation.

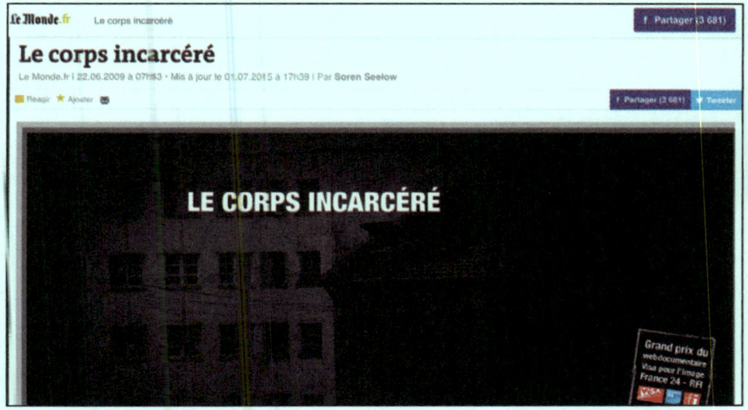

Primée pour la qualité de son contenu, cette enquête du *Monde* sur les effets de la détention prolongée sur le corps humain utilise tous les médias (diaporama, vidéo, texte).

L’enquête collaborative du site Que du bonheur a l’habileté d’associer données de fond et résultats de terrain, récoltés via la sollicitation des adolescents.

Sur le site enseignement-sup-recherche.gouv.fr, les résultats d'une enquête sur les DUT, licences professionnelles et masters sont consultables directement sous forme synthétique et indirectement par téléchargement de PDF.

L'attrait du traitement humain et sensoriel

L'interview témoignage

Il a vécu l'événement, il est concerné directement par le thème que vous traitez : faites témoigner cet acteur de premier plan (personne concernée, expert...). Il va donner « de la chair », un aspect très concret au sujet que vous abordez et que ce témoin a vécu ou vit concrètement. Sur la forme, l'interview témoignage doit rester assez court – une seule question, une seule réponse développée – et s'il est un peu plus long, il doit être morcelé – une question, une réponse courte, et ainsi de suite – pour rester dynamique. Sur le Web, le témoignage peut évidemment s'appuyer sur tous les médias : texte, vidéo, son...

L'intérêt pour votre site
Mettre en avant l'humain, c'est favoriser l'empathie, l'identification de l'internaute avec le témoin et, plus largement, avec le sujet traité. C'est aussi une façon de susciter la discussion : prolonger le traitement du sujet par des échanges, un forum ou, mieux encore, par une page dédiée sur les réseaux sociaux, est une façon efficace d'impliquer l'internaute dans les sujets que vous avez choisi de traiter.

Le site S'adopter soi propose des témoignages qui apportent, grâce au média son, une dimension supplémentaire d'émotion.

Le site InExtenso propose une rubrique fournie de témoignages vidéo sur les problématiques liées à l'entreprise.

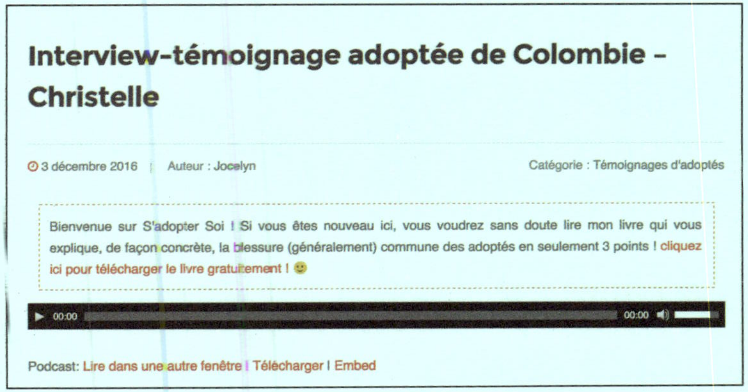

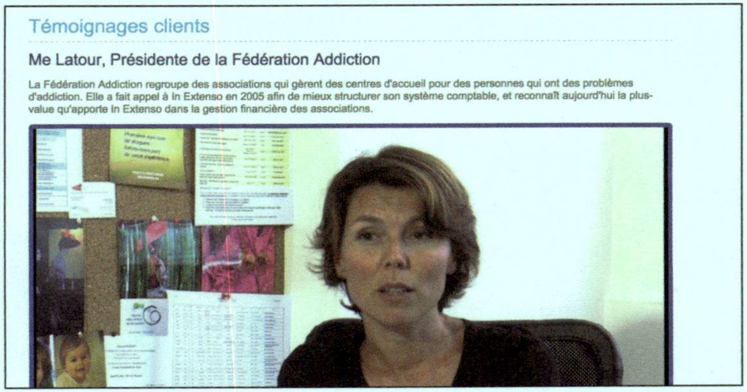

L'interview longue

Cette forme plus longue d'interview permet de rentrer davantage dans les détails ou de développer une réflexion. On la réserve souvent aux entretiens avec un expert. Si elle est par nature dynamique pour les raisons évoquées plus haut, elle peut aussi se révéler « indigeste » si l'on ne prend pas garde à respecter des critères précis pour sa lisibilité :

- Interview texte : bon morcellement questions-réponses avec des réponses entre cinq et dix lignes maximum, longueur totale de l'interview ne dépassant pas deux pages-écran.
- Interview son : édition claire (titre, chapeau introductif), lecteur son facile à manipuler, indication de la durée, durée ne dépassant pas une minute, possibilité de proposer des extraits courts du témoignage en lecture et l'intégralité du témoignage en téléchargement (podcast).
- Interview vidéo : édition claire (titre, chapeau introductif), lecteur vidéo facile à manipuler, format court (entre une et deux minutes maximum), possibilité de proposer des extraits courts du témoignage en lecture et l'intégralité du témoignage en téléchargement (videocast).

L'intérêt pour votre site

Ce genre journalistique combine deux des atouts présentés plus haut : le recours à l'humain et la profondeur du traitement. Si, en outre, vous avez la chance de disposer d'une interview exclusive, cela aura pour effet, d'une part, de favoriser votre référencement, puisque Google et les autres moteurs recherchent des contenus originaux, et, d'autre part, de susciter des reprises de l'interview par les internautes qui les publieront sur leurs réseaux sociaux.

Une interview classique sur le site Conseil-Plus.

Le portrait

Genre journalistique à part, le portrait est souvent réalisé par des journalistes chevronnés: ce type de traitement est très attirant, mais délicat à réaliser. Les mots employés ont une grande importance, car on touche à la personne même de l'interviewé avec ses points forts et ses points faibles, son discours et ses actes, ses éventuelles contradictions... Nombre de portraits, d'ailleurs, se limitent à décrire la personne de manière neutre ou à faire son éloge, un traitement un peu faussé qui lui enlève de son intérêt. Le portrait est souvent présenté sous forme de texte avec des citations ou en interview questions-réponses. Il peut aussi prendre la forme d'une vidéo, plus dynamique, mais aussi plus longue et complexe à réaliser.

L'intérêt pour votre site
Proposer ce genre de contenu rare ne peut que singulariser votre site. Cette présentation par petites touches d'un être humain dans toute sa richesse et sa complexité suscite un intérêt certain. Sur le Web, le portrait prend toute sa force s'il montre l'individu en action, avec sa gestuelle et sa voix, dans une vidéo.

Le site du Vendée Globe met très bien en valeur les acteurs de la compétition, notamment par des portraits fouillés et soignés sur le plan graphique.

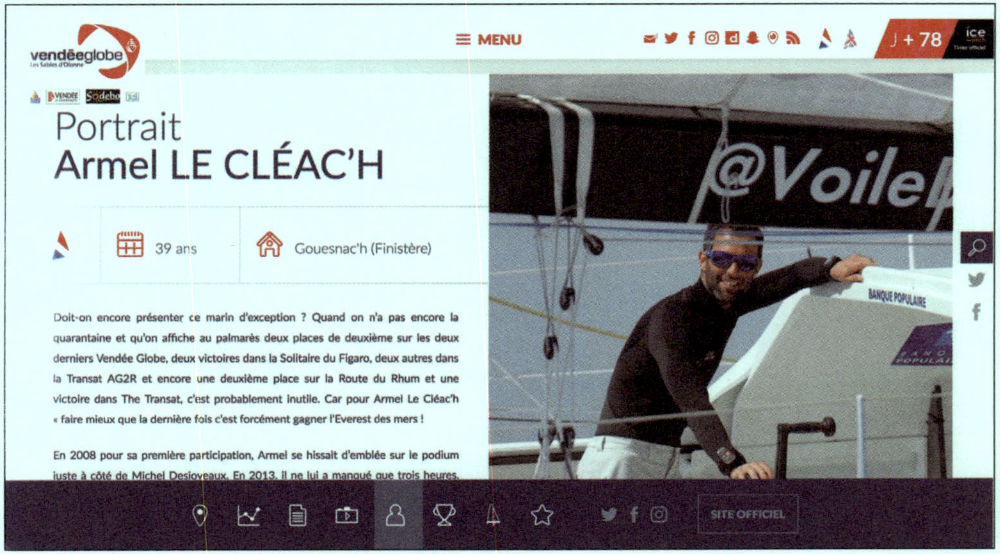

L'éditorial

Emprunté aux journaux classiques, l'édito exprime un point de vue personnel argumenté sur une thématique ou un sujet d'actualité. Il est souvent produit par une personne faisant autorité, le rédacteur en chef de la publication, le dirigeant d'une entreprise ou un expert du sujet. Le format est par nature assez court (un feuillet, soit 1 500 signes maximum pour les textes, une minute maximum pour les vidéos), le média choisi est souvent le texte, mais on voit parfois des éditos vidéo. Cette dernière forme peut être assez facile à réaliser : une caméra ou un smartphone sur pied fixe peut produire une captation de qualité, et les personnes expertes sont souvent rompues à l'expression orale de leurs idées via le *media training*, l'entraînement à la prise de parole.

L'intérêt pour votre site
Ce genre journalistique au format court, très personnalisé et dense par la réflexion proposée, attire pour son originalité et sa personnalisation. Il peut être intéressant de réutiliser ces contenus sur un réseau social vidéo (YouTube, Daily Motion, Vimeo...) pour une visibilité maximale. À proscrire : « l'édito sommaire », qui décrit le contenu de la publication sans développer aucune idée nouvelle ou originale.

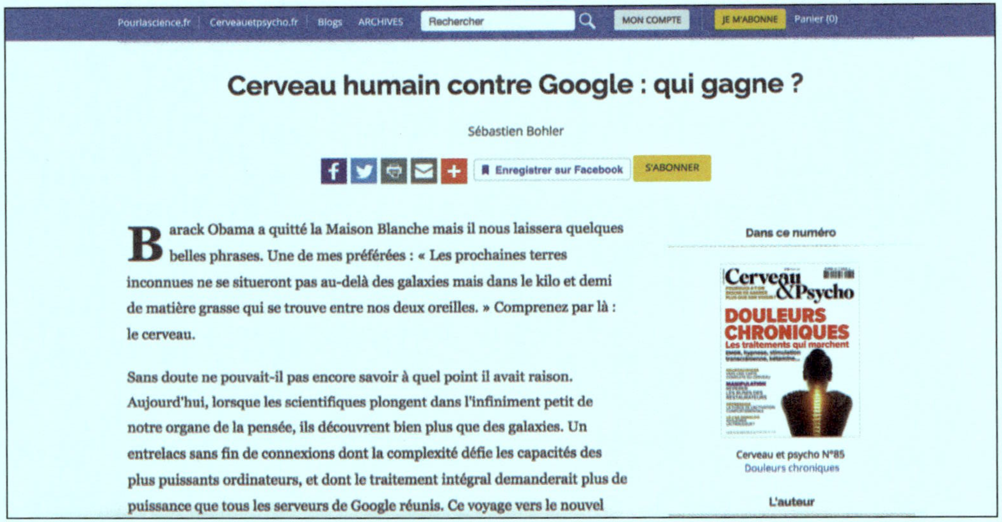

Un éditorial du site Pour la science.

Le reportage

Le reportage « à l'ancienne » existe toujours sur le Web, mais a peu à peu cédé du terrain, laissant la place aux reportages où le visuel prédomine : diaporamas légendés, vidéos. Il peut néanmoins être proposé pour dynamiser un site dans certains cas précis :

- Quand les moyens manquent (compétences, temps, argent) pour réaliser un reportage privilégiant le visuel.
- Quand vous avez la chance de pouvoir utiliser une « plume », une personne douée d'un style rédactionnel unique et de qualité.

L'intérêt pour votre site
Proposer un contenu journalistique rare et à valeur ajoutée grâce au talent du rédacteur, et mettre en valeur l'écrit sont deux atouts qui peuvent permettre de singulariser votre site.

Un événement culturel comme le Festival de Cornouailles se prête à l'écriture dynamique et imagée propre au reportage.

L'aubade donnée aux festivaliers

Dès qu'ils jouent, tout s'arrête alentour. Mieux qu'un coup de canon, c'est un bagad, cœur vibrant de la Bretagne, qui a lancé les premières notes de musique du festival de Cornouaille. Le bagad Penhars de Quimper - cornemuses, bombardes et percussions - avait l'honneur de charmer les passants pour les mener jusqu'au pied de la cathédrale où les attendaient des produits régionaux. Le bagad sait ménager ses effets, alternant marches en musique et haltes sur une placette ou sous une fenêtre. L'effet agit aussi sur ses musiciens. Annaig, 15 ans, est la seule fille de cette formation dans laquelle elle joue de la bombarde, la petite flûte bretonne. Elle a commencé à l'âge de neuf ans et n'est pas prête de décrocher. "*J'aime toujours autant ça,* confie-t-elle, enjouée, *et puis l'accueil du public me fait toujours autant plaisir*" Ambassadrice culturelle à 15 ans, comment s'en lasser ?

Photo - 55 Ko

Realaudio

Photo - 34 Ko

Lucien, musicien d'adoption

Il tient sa cornemuse comme une mère son bébé. Lucien Thomas, 61 ans, est maintenant à la retraite et peut se consacrer à sa passion, la musique bretonne. Parisien d'origine, il a trouvé dans ses racines une arrière-grand-mère quimpéroise et s'est peu à peu épris de la Bretagne. Il prend des cours de cornemuse et joue depuis trois ans à la Mission Bretagne de Paris. Quant au festival de Cornouaille, il vient tous les ans depuis 1989 admirer les bagadoù et s'imprégner de musique et de traditions. Dès qu'on aborde un peu la musique bretonne avec lui, Lucien n'a pas son pareil pour parler des sons et des doigtés, des "binious koz" (petits binious, à un bourdon) et des "binious braz" (grands binious, à deux bourdons). Les passions tardives sont toujours les plus vives.

Realaudio

Petits danseurs deviendront grands

L'attrait du visuel

Certains genres journalistiques favorisent le mode visuel pour transmettre les informations.

L'infographie

Elle peut être plus ou moins élaborée, du «camembert» ou de l'histogramme un peu rustiques aux infographies interactives. Même simple, l'infographie facilite la compréhension immédiate des informations, et se révèle souvent plus efficace qu'un simple texte même bien écrit. Après tout, 65 % des gens ont un mode d'apprentissage visuel... De nombreux outils existent aujourd'hui pour produire facilement des infographies simples ou plus élaborées, exportables en code HTML (embed). Parmi les plus connus: Infogr.am (infogr.am), PiktoChart (piktochart.com), Data Wrapper (www.datawrapper.de) et Google (module Google Drive).

La carte

Cette sous-partie de l'infographie est, là encore, un genre journalistique à privilégier pour comprendre des informations complexes et «géolocalisées». C'est tellement vrai qu'une émission télévisée célèbre, *Le Dessous des cartes* (sur Arte), s'est attachée pendant des années à décrypter des événements et situations complexes via ce seul genre journalistique. C'est un très bon exemple à méditer et adapter à sa propre situation. Là encore, les outils abondent aujourd'hui pour réaliser, à partir de fonds de cartes fournis, des cartes sur lesquelles vous pourrez placer des pointeurs et des textes descriptifs. Parmi les plus connus: StoryMaps JS (storymap.knilab.com), MapMaker Interactive (mapmaker.nationalgeographic.org), Zeemaps (www.zeemaps.com) et Maptive (www.maptive.com).

Le reportage photo ou diaporama

Ce défilé dynamique d'une sélection d'images choisies est souvent bien plus percutant qu'un long texte sur le même sujet. Tout le travail consistera à trouver les bonnes photos et à bien les hiérarchiser d'une part, et à soigner l'édition (légendes, chapeau, titre, vitesse de défilement, ergonomie) d'autre part. La palette des outils de diaporama web est là encore fournie. Cette fonctionnalité existe déjà en standard dans de nombreux thèmes graphiques (notamment dans l'environnement WordPress). Par ailleurs, d'autres ressources peuvent permettre de composer facilement des diaporamas, soit par le biais d'un logiciel à télécharger comme Picasa (picasa.fr.uptodown.com/windows/telecharger), soit grâce à des outils en ligne comme Canva (www.canva.com), Photosnack (www.photosnack.com) ou le très intéressant Timeline JS pour les chronologies (timeline.knightlab.com).

Jouer sur les angles

Un sujet dense peut être abordé sous un grand nombre d'aspects, et cette variété d'angles possibles va également permettre de dynamiser son contenu : on pourra aborder un sujet sous un jour inattendu et surprendre / intéresser l'internaute par son originalité. Varier ses angles sera aussi une façon de renouveler les sujets récurrents, ou « marronniers ».

Quelques exemples des angles possibles sur un sujet standard, la rentrée des classes :

- Angle pratique : *Préparer sa rentrée comme un pro* (témoignages).
- Angle didactique : *La logistique scolaire, comment l'école s'organise pour chaque rentrée* (texte).
- Angle technique : *Rentrée et sécurité : l'école sous l'œil des caméras* (diaporama).
- Angle statistique : *La rentrée en 10 chiffres-clés* (infographie).
- Angle comparatif : *Ma première rentrée – d'un enfant, d'un parent, d'un professeur* (reportage).
- Angle ludique : *Rentrée : vérifiez votre niveau* (quiz sur le contenu des programmes).
- Angle humain : *Horaires, alimentation, sommeil : comment préparer son corps pour la rentrée* (interview médecin).
- Angle visuel : *Rentrée scolaire, le jour d'avant* (reportage vidéo dans une famille).
- Angle économique (consommation) : *Les fournitures scolaires au meilleur prix* (carte avec lieux de vente et prix des principaux produits).
- Angle culturel : *Les meilleurs livres… pour oublier la rentrée* (revue littéraire).
- Angle social : *Rentrée scolaire et immigration : apprendre pour bien s'intégrer* (analyse des classes d'intégration et d'adaptation Clin et Clad).
- Angle institutionnel : *Rentrée scolaire, l'Éducation nationale mise tout sur Internet* (interview ministre).
- Angle polémique : *L'instruction religieuse à l'école publique, l'introduire ou l'interdire ?* (interview croisée, texte ou audio).
- Angle décalé / humoristique : *Mes 10 conseils pour survivre à la rentrée* (billet d'humeur).

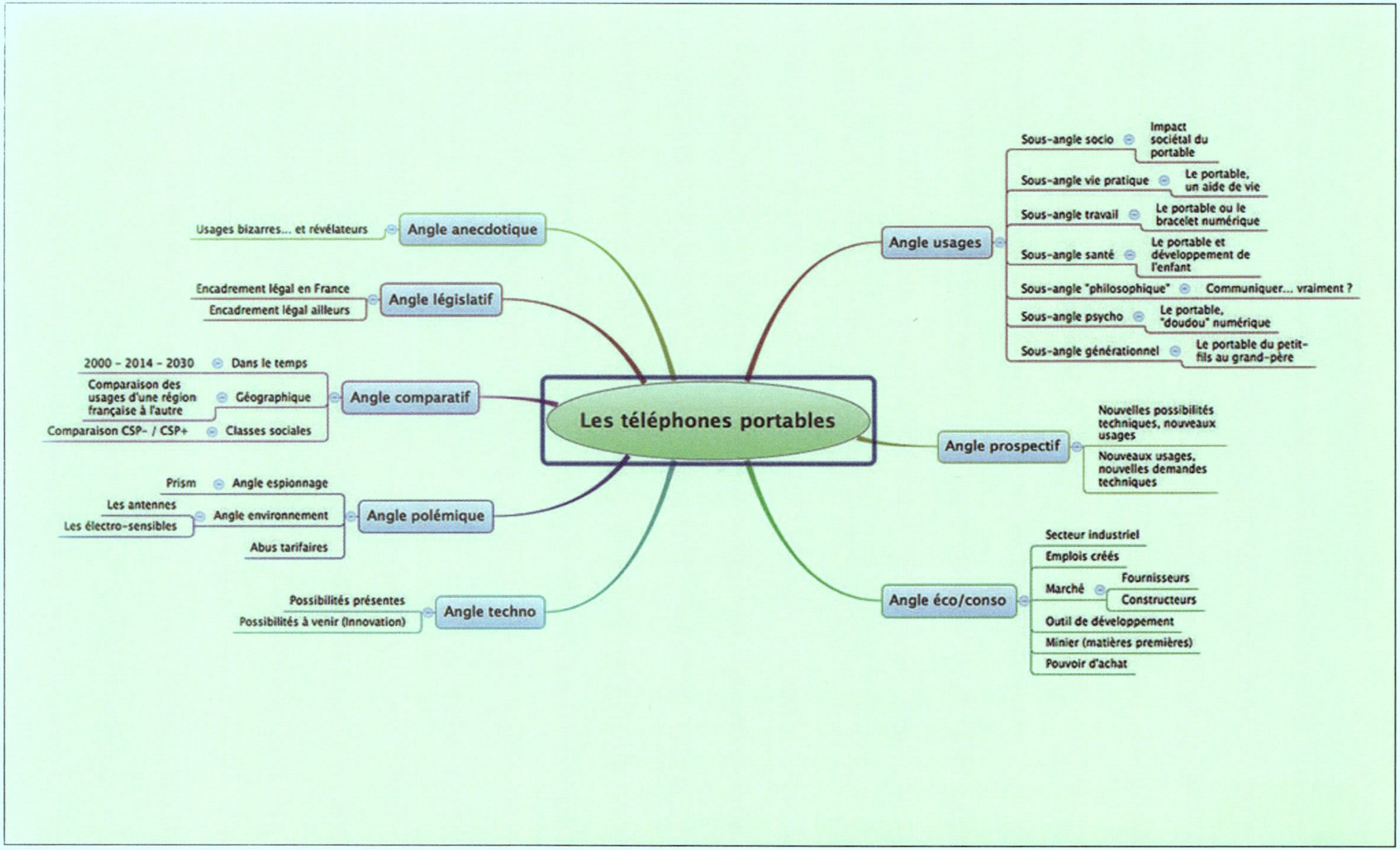

Un autre exemple sur le sujet très riche des téléphones portables, déployé ci-dessus dans une carte heuristique.

À vous de jouer !

Notion essentielle en journalisme et en communication, l'angle journalistique se définit comme l'aspect précis sous lequel on veut aborder un sujet. S'il est riche et dense, ce sujet est comme un diamant aux multiples facettes, et l'angle est la facette que l'on choisit pour l'aborder.

Votre travail :

- Faites la liste de toutes les informations dont vous disposez sur votre sujet.
- Rangez ces informations en catégories thématiques : économie, politique, pratique, psychologique...
- Isolez la catégorie thématique la plus riche : c'est l'angle sous lequel il serait judicieux de traiter votre sujet. Vérifiez que cet angle est bien celui qui correspond le mieux à la cible visée par votre publication.
- Dans la catégorie thématique que vous avez retenue, ordonnez les informations que vous allez évoquer en allant de l'information la plus importante à l'information la plus anecdotique ou de détail.

Jouer sur les plans

Tout comme les angles, les plans – c'est-à-dire la construction des articles, l'ordre dans lequel sont présentées les informations – sont multiples. Diversifier cette hiérarchisation peut, là encore, dynamiser vos écrits.

Les « bons plans »

Le plan en pyramide inversée

C'est le plan le plus utilisé en journalisme comme en communication, car il permet une lecture efficace. Les informations sont hiérarchisées de la plus importante à la moins importante. En premier vient le message essentiel : qui a fait quoi, où, quand et pourquoi. Puis viennent des informations de second ordre, des détails sur le comment et le combien par exemple. Souvent, l'article se termine sur les conséquences de ces informations ou sur une ouverture plus large, une mise en perspective.

Dépêche AFP qui suit un plan en pyramide inversée.

Insolite

"Désintox" pour "accros" du net

OSLO (AFP) - Mar 14 Mar 00 - 18h59 heure de Paris - Un établissement norvégien spécialisé dans le traitement des dépendances et situé à Hamar envisage d'ouvrir un nouveau département pour les "accros" de l'internet, a rapporté mardi l'agence norvégienne NTB.

La fondation Renaavanen, qui soigne déjà les personnes ayant des problèmes de dépendance au jeu, aux drogues ou à l'alcool, pourrait ouvrir une telle section dans les années à venir, a indiqué Finn Gyllstroem, un des cadres de l'établissement, à NTB.

La fondation a déjà reçu plusieurs requêtes en ce sens de la part de parents d'internautes invétérés mais ne dispose pas encore de traitement adapté, a précisé M. Gyllstroem.

"Les +chatters+ (participants aux forums de discussions sur l'internet, NDLR) peuvent rester des heures à converser via

Le plan énumératif

Cette deuxième façon d'agencer efficacement les informations dans un article est très reconnaissable : il propose une sélection ou un comparatif, et son titre est souvent explicite, « 5 tablettes au banc d'essai » ou « 10 bonnes raisons d'aller au Portugal », par exemple. Cette sélection qualitative et argumentée est une promesse d'informations précises et de gain de temps pour le lecteur.

Le plan analytique

Ce troisième plan est d'une construction immuable : les faits, les causes, les conséquences. Il doit son efficacité à cette structure très logique et à cette construction ternaire. Ce genre de plan est naturellement adapté aux sujets techniques mais il peut très bien convenir à d'autres thématiques. Cette structuration très rationnelle ajoute de la clarté et du dynamisme à des sujets de type sciences humaines.

Article du Journal des femmes qui suit un plan énumératif.

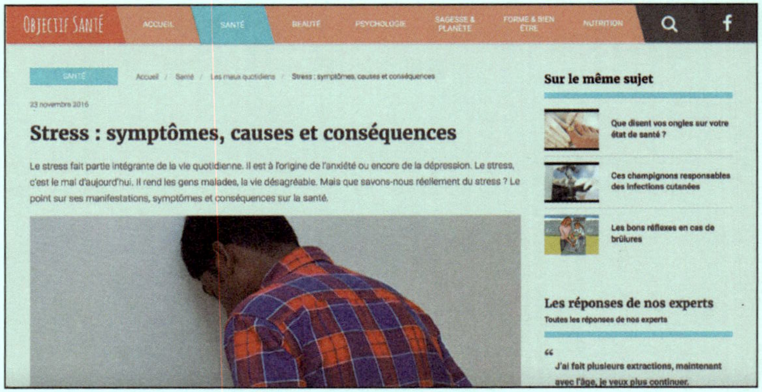

Article du site Objectif Santé qui suit un plan analytique.

Le plan dialectique

Ce dernier plan a, comme le précédent, l'avantage d'une construction ternaire. Mais cette fois-ci, les éléments se basent sur une articulation différente : d'abord les faits ou le message essentiel, puis les arguments pour et les arguments contre. Cette structuration est liée à la nature même du sujet, une polémique.

Article du site Réussir ma vie construit sur un plan dialectique.

Mères porteuses : pour ou contre la GPA ?

Tags : bioéthique, femmes, fertilité, grossesse, vie

La gestation pour autrui (GPA) ou technique des "mères porteuses", qui consiste à faire porter un enfant in utero par une femme qui n'est pas sa mère, soulève bien des questions. La GPA est-elle une avancée, un nouvel espoir pour des couples infertiles, ou une inquiétante pratique de location d'utérus ?

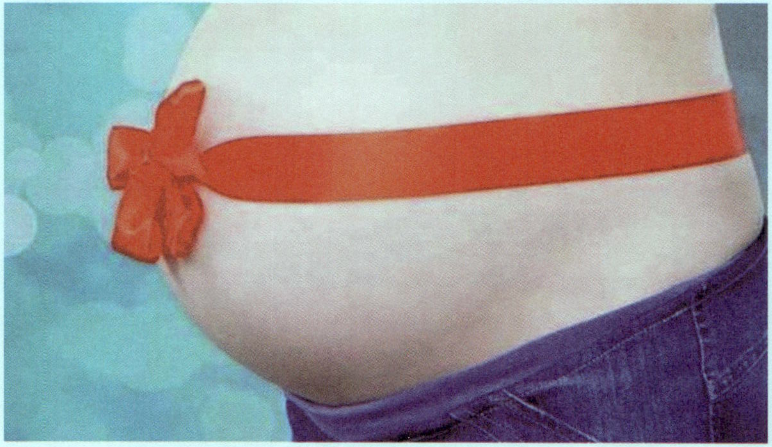

Une mère porteuse, de quoi s'agit-il au juste ? C'est une femme qui porte en son utérus un embryon humain en gestation, et cela en vue de donner, au bout des neuf mois de grossesse, le

- Comment construire sa personnalité ?

VOS ARTICLES PRÉFÉRÉS !

LES PLUS RÉCENTS | LES PLUS LUS | LES PLUS COMMENTÉS

- L'abbé Pierre : ami des sans-logis et voix des sans-voix
- Etudes de médecine : le numerus clausus en hausse dans 26 facultés
- Allaiter son bébé : témoignages sur un choix intime
- APB : inscrire et bien classer ses voeux d'orientation sur Admission-Postbac
- Se libérer de la pornographie, c'est possible
- Droits de l'homme : l'ONG Samba Mwanas dénonce la situation des jeunes au Gabon
- L'école d'ingénieurs EPITA ouvre à Lyon, Rennes, Strasbourg et Toulouse
- Améliorer son orthographe en ligne :

Les plans à proscrire

Il existe d'autres plans pour structurer des articles, mais ils ne sont pas tous adaptés au Web et à ses contraintes de lecture rapide et efficace. Deux plans en particulier sont à bannir pour la rédaction sur Internet.

Le plan démonstratif

Utilisé pour certaines enquêtes par exemple, il privilégie le raisonnement qui permet d'arriver à une conclusion. L'essentiel est donc présenté à la fin, ce qui va à l'encontre des principes du Web qui placent le plus important au début. Seule façon d'adapter ce plan aux contraintes d'Internet : commencer par la conclusion, le reste du papier montrant comment on est arrivé à ce résultat.

Le plan chronologique

Là encore, ce type de plan privilégie l'enchaînement des informations ou des faits dans le temps, du plus ancien vers le plus récent. Cette structuration ne convient pas aux internautes, qui veulent avoir le plus important au début, à savoir l'information la plus récente. On peut là aussi adapter cette construction au Web de deux façons : en inversant la structuration (comme dans un CV où on choisit de commencer par le présent) ou en sélectionnant les dates (exemple : Les 5 dates-clés de la présidence Obama).

Plan chronologique adapté sur le site Femme actuelle.

À vous de jouer !

Le sujet que vous voulez traiter est clair, l'angle que vous avez choisi est précis, il ne vous reste plus qu'à bâtir le plan de votre article, selon l'un des modèles proposés ci-dessus.

Votre travail :

- Listez les informations et les idées que vous souhaitez aborder dans l'article sous une forme très succincte. À ce stade, pas de phrases construites, juste quelques mots.
- Rangez ces infos / ces idées et numérotez-les au besoin. Pour savoir lesquelles aborder en premier, demandez-vous lesquelles sont les plus importantes du point de vue de votre lecteur. Cette liste est le plan, le « squelette » de votre papier.
- Écrivez votre sujet en une phrase. Cet effort de synthèse vous permettra de vous concentrer sur le message essentiel de l'article et de ne pas tomber dans le piège de l'introduction scolaire ou de la construction chronologique, très lassant pour le lecteur.
- Ajoutez une deuxième phrase, puis une troisième donnant par exemple un peu plus de détails et permettant de mettre en perspective l'information que vous donnez. Vous aurez ainsi résumé l'essentiel de votre sujet en un paragraphe court et suscité l'intérêt pour le texte qui va suivre.
- Enchaînez ensuite les paragraphes selon le principe « un paragraphe, une idée ».
- Terminez votre article par un paragraphe donnant une nouvelle information ou une suite prévisible de votre sujet.

Jouer sur les sujets

Les sujets que vous traitez sont, bien sûr, propres à votre spécialité, à votre ligne éditoriale et à la cible de votre site. Il existe, toutefois, une typologie des sujets, des grandes catégories qui, si vous les avez à l'esprit, peuvent vous aider à vous renouveler. L'idée, c'est de vous donner des idées ! Prenez cette liste, en partie ou en totalité, et amusez-vous, seul ou en brainstorming collectif, à trouver des sujets équivalents dans votre spécialité. Vous aurez ainsi planifié votre production de contenu web pour les semaines ou mois qui viennent.

Donner de l'information

Cette première piste de sujets tombe sous le sens puisque c'est la « fraîcheur » de votre site, son actualité qui attirera les internautes et, si cette actualité est constante, qui les fera revenir et les fidélisera. Vous pouvez exploiter cette piste de multiples façons.

En livrant des « scoops » à la manière des journalistes

Avez-vous connaissance, dans votre secteur d'activité, d'informations majeures que vous pourriez être les seuls, ou les premiers, à révéler ?

Annoncer, deux ans à l'avance, la sortie d'un modèle automobile est l'occasion, pour le site Caradisiac, de faire bénéficier l'internaute d'une veille informative de qualité.

En présentant des événements… par les réactions qu'ils suscitent

Une compétition, un salon ne sont pas des événements inédits puisque tout le monde en parle. Une sélection variée des réactions que cet événement génère, assemblées de manière inédite par vos soins, sera plus originale.

En annonçant l'apparition ou la mise sur le marché de nouveautés

Lancement de nouveaux produits, présentation de modes et de tendances, le champ des possibilités est large. Ici, votre veille permanente sur le secteur fera des merveilles…

En annonçant des découvertes

Ici, c'est la nouveauté scientifique ou technique qui éveillera l'attention. Résultats de tests ou travaux de recherche, nouvelles solutions techniques, données inédites (scores, résultats présentés en infographies, statistiques, records) sont des sources presque inépuisables de sujets d'articles ou de dossiers.

Certaines « révélations » prennent plus d'importance aux yeux des internautes que d'autres informations. Ici, trois facteurs jouent en même temps : la caution des scientifiques et de leurs recherches, un domaine – la santé – concernant tout le monde, et la découverte d'aspects inattendus d'une thématique.

En présentant le connu… sous un jour nouveau

C'est l'effet «petit bout de la lorgnette» qui permet, en changeant simplement de perspective, de redécouvrir un sujet maintes fois traité. Rentrer dans ce sujet par une anecdote révélatrice, un retour d'expérience ou une étude de cas spécifique et riche d'enseignements rappellera sans doute à l'internaute des situations similaires et lui permettra de se projeter plus facilement.

En révélant… ce qui est caché

Un article peut se donner pour ambition de simplement démêler le vrai du faux, les approximations ou mensonges des faits avérés, d'expliquer les raisons d'un échec, voire de dénoncer des agissements. Ce genre de sujet titille toujours la curiosité, saine ou malsaine, des lecteurs friands de scandales que nous sommes tous…

En alertant des changements ou des menaces

Ici, c'est la dimension prévention et conseil qui est développée au grand bénéfice de vos lecteurs qui pourront anticiper ou se protéger. La notion de «danger évité» est centrale dans ce genre de sujets, à des degrés divers : annonce de changement de règles ou bouleversements à venir, dénonciation de mauvais conseils, signalement de pratiques dangereuses…

Apprendre par l'exemple, c'est logique mais attendu. Apprendre par des contre-exemples excite notre curiosité et notre goût pour le malheur… des autres. Lister des «mauvaises pratiques» est une méthode plus inattendue et souvent plus efficace.

Donner de bons conseils

Après l'information sous tous ses aspects, cette deuxième piste correspond elle aussi à une forte attente des internautes : être bien guidé et conseillé est particulièrement utile devant l'abondance d'informations publiées sur le Web ! Vous pouvez également développer ce genre de sujets de différentes manières.

En proposant des contenus pédagogiques

Le « comment ça marche » est un standard sur le Web, c'est votre expertise sur le fond et le traitement sur la forme qui feront la différence. Tutoriels, webinars, les formules ne manquent pas ! Dans tous les cas, privilégiez le visuel (vidéo de préférence), soignez la qualité (netteté, montage, etc.) et visez la brièveté et le rythme.

Proposer des contenus à haute valeur pédagogique comme les webinars présente deux avantages : d'une part, la pratique positionne le site et ses contributeurs comme des sources d'expertise et permet, d'autre part, de développer efficacement un réseau de contacts et de prospects.

En présentant des tests

Sous la forme d'articles ou, plus simplement, de captures d'écran commentées, vous pouvez jouer pleinement la carte «expertise» grâce à des tests produits, par exemple, qui permettront la comparaison et le gain de temps.

En livrant exemples, expériences et témoignages

Reportages, portraits et témoignages de personnes confrontées à certaines situations ou pratiques sont souvent des sujets d'articles appréciés, qui permettent le retour d'expérience et l'identification du lecteur.

En détaillant des «bonnes pratiques»... ou des mauvaises

La preuve par l'exemple, la méthode est connue et efficace pour attirer le lecteur. Les articles que vous proposerez peuvent être des explications assez sommaires, comme les Foires aux questions, assez bruts mais toujours utiles, une liste de conseils précis, une comparaison d'arguments et de contre-arguments (les fameux articles Pour ou contre...), une analyse *a posteriori* d'un échec et les enseignements à en tirer.

En partageant astuces, bonnes idées et références

Une autre façon de mettre en valeur votre expertise est de jouer la carte des «initiés» ou *happy few* comme disent les Anglo-Saxons. Cela peut commencer par le partage de documents ou de livres de référence, des revues de presse ou du web commentées avec précision, et se poursuivre par des articles invitant au partage d'astuces, que, par définition, peu de gens connaissent.

En proposant des comparaisons et des confrontations

Cet angle précis est très efficace pour attirer le lecteur. Il peut être décliné principalement de deux façons: la comparaison (produits, avant/après, en France et ailleurs...) et l'opposition ou confrontation (avant/après à nouveau comme lorsque l'on oppose la tradition et l'innovation, le pour et le contre, partisans de différentes solutions ou points de vue...).

Les traditionnels «trucs et astuces» présentent les informations sous un angle pratique et attirant. L'internaute est toujours preneur de conseils originaux qui lui faciliteront la vie, lui feront éventuellement gagner du temps et de l'argent... et le feront paraître plus malin.

Le principe du avant/après, la comparaison d'une situation et de l'impact d'un fait ou événement sur celle-ci, attire particulièrement le lecteur, surtout si l'on peut visualiser la transformation ou le bénéfice apporté.

' ELLE A PLUS D'UN TOUR DANS SON TABLIER '
Votre recherche
OK
ACCUEIL
NOTRE COMPAGNIE
LES PRODUITS
DEVENIR CONSEILLÈRE
DEVENIR HÔTESSE
TRUCS ET ASTUCES
TROUVER MA CONSEILLÈRE
Accueil › Trucs et astuces
Santé
Beauté | Bien-être
Maison
Cuisine
Bricolage | Jardin | Animaux
QUALITÉ & SAVOIR-FAIRE
VALIDÉ PAR MAMIE
UNE COMPOSITION SANS CONCESSION
Mamie & Co
Trucs et astuces
Retrouvez dans cette rubrique, une sélection des meilleurs trucs, astuces et remèdes de grands-mères, choisie spécialement pour vous par nos conseillères !
Santé
BON PIED, BON OEIL ! Faire le plein d'énergie : À chaque coup de mou, mettez du persil haché dans vos jus de légumes (froid ou chaud) et le tour est joué ! Riche en nutriments il redonne un p'tit coup de boost ! Extraire une écharde facilement : Dès que...
› En savoir plus
Beauté | Bien-être
ROULEZ JEUNESSE ! SOS Mains gerçées : Avec le froid, la peau de nos mains s'assèche et c'est la catastrophe ! Pour les apaiser : mélangez le jus d'1 citron avec 1 c. à café d'huile d'olive et 1 c. à soupe de miel liquide. Laissez agir 20 minutes. Fixer le maquillage : Votre...

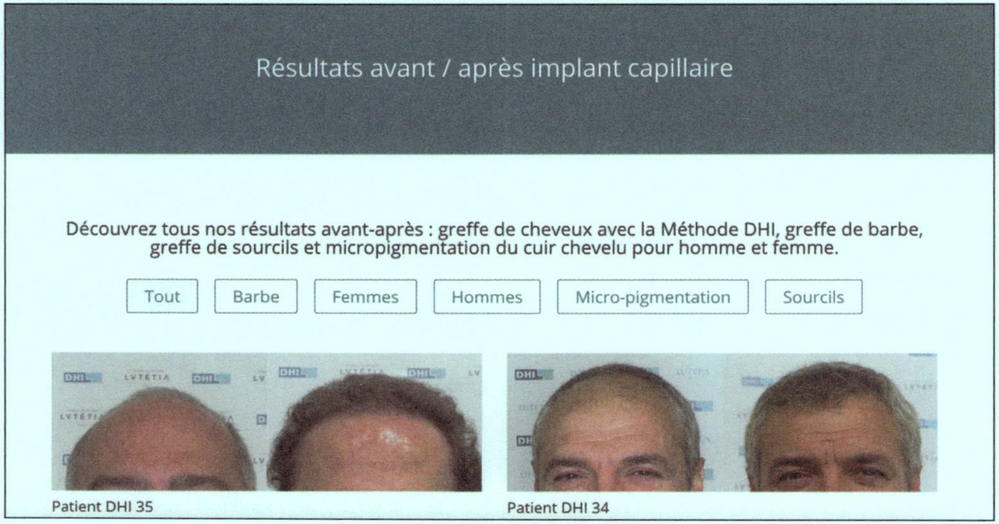
Résultats avant / après implant capillaire
Découvrez tous nos résultats avant-après : greffe de cheveux avec la Méthode DHI, greffe de barbe, greffe de sourcils et micropigmentation du cuir chevelu pour homme et femme.
Tout
Barbe
Femmes
Hommes
Micro-pigmentation
Sourcils
Patient DHI 35
Patient DHI 34

Donner la parole

Une troisième piste de dynamisation de vos sujets réside dans la multiplication des points de vue. Cesser de voir son site comme «la voix de son maître», le considérer comme un espace d'échanges de paroles et d'opinions peut lui donner toute son originalité, quitte à contrôler – un peu – cette communication plus libre. Les façons de procéder ne manquent pas :

- En permettant l'expression d'opinions via les commentaires, les forums ou les réseaux sociaux, les micro-trottoirs, les éditos, les débats…
- En jouant la carte «personne de référence»: interviews et conseils d'experts invités, de personnes référentes ou de people.
- En jouant la carte «consommateurs»: points de vue et suggestions clients.
- En jouant la carte de l'humour : histoires drôles, parodies, points de vue inhabituels et décalés.

Jouer la carte de l'expert – surtout si celui-ci vous accorde l'exclusivité de ses conseils – valorise immédiatement un site. Il dispose ainsi de contenus originaux dont les lecteurs… et les moteurs de recherche sont friands.

Donner... tout court

Un site n'est pas qu'un espace de publication : c'est aussi un espace depuis lequel on peut récupérer ou télécharger des documents sous des formes diverses, gratuitement le plus souvent, pour le plus grand bénéfice du lecteur. Cette possibilité satisfait la culture de la gratuité enracinée chez beaucoup d'internautes, vous permet de cultiver un capital sympathie et, pourquoi pas, de recueillir les adresses de contacts et de prospects.

Les façons les plus courantes de jouer cette carte du don sont les suivantes :

- En offrant des guides ou livres blancs à télécharger.
- En proposant des tutoriels à visionner.
- En invitant à des webinars ou web conférences.

Sur Internet, la culture du gratuit a la vie dure... Offrir des contenus ou des produits à valeur ajoutée épouse cette pratique et satisfait la curiosité de l'internaute.

Jouer sur le style

Sur la plupart des sites web, le style rédactionnel est assez figé : simple et didactique la plupart du temps, il peut aussi être froid et distant sur les sites *corporate*, faussement enjoué et excessif sur certains sites commerciaux. Quelle que soit la tonalité dominante, le problème reste le même : le ton est uniforme, reproduit à l'identique sur l'ensemble du site… et donc ennuyeux à la longue.

Varier son style

Comme pour d'autres aspects du site évoqués plus haut, la clé du dynamisme éditorial va être la variété. Un même site peut intégrer plusieurs styles rédactionnels.

Le style rédactionnel principal

Il doit être simple, factuel, didactique. Ce choix correspond aux habitudes et contraintes de lecture des internautes, avares en temps et en concentration. Sa simplicité garantira l'accessibilité de votre contenu aux internautes visitant votre site pour la première fois, souvent majoritaires.

Un style didactique simple sur le site des Restos du cœur.

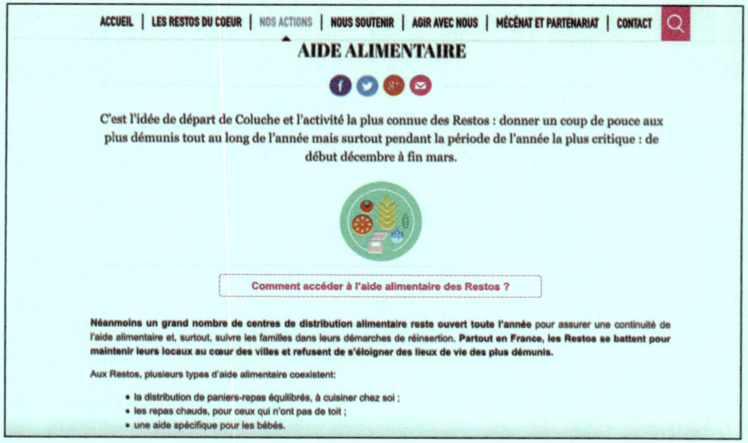

Le style rédactionnel secondaire

Parallèlement au style rédactionnel prédominant, un deuxième style, plus personnel, est intéressant à développer sur votre site… ou à proximité. Sur le site, les genres journalistiques mettant en avant des écritures plus personnalisées – éditorial, billet d'humeur – apporteront une couleur, une tonalité différente et bienvenue dans la lecture. Intégrés au site ou en lien direct avec lui, on trouve deux autres terrains d'écriture personnalisée :

- Le ou les blog(s) bien sûr, qui permettent non seulement la rédaction de textes courts, personnalisés et dynamiques, mais aussi une discussion avec les internautes répondant aux *posts* dans un style souvent vif, quitte à réguler d'éventuels excès par une charte rédactionnelle.
- Les réseaux sociaux, et notamment les pages Facebook dédiées à une thématique précise. Là encore, le style est libre et le ton enlevé, et une charte permettra de poser un cadre précis pour éviter les dérapages.

D'autres « styles » sont à explorer qui peuvent, eux aussi, apporter une respiration bienvenue à votre site.

Le blog Langue sauce piquante du Monde.fr.

Le style statistique

Si écrire, c'est apporter des informations, la transmission de données chiffrées, soigneusement sélectionnées et mises en valeur, peut elle aussi être assimilée à une écriture. Ces informations – Les 5 chiffres à retenir, Le sujet en 7 chiffres, Les dates-clés, etc. – sont par nature percutantes, surtout si elles sont présentées visuellement (infographie, carte, chronologie, etc.). Choisir cette représentation concise sera bien plus dynamique qu'un texte enchaînant des phrases truffées de chiffres et rapidement illisibles.

Le style « visuel »

Il n'y a pas que le texte dans la vie ! Une fois que vous avez sélectionné toutes les informations nécessaires pour bien traiter un sujet, posez-vous les questions suivantes : qu'est-ce qui peut / doit être lu ? qu'est-ce qui peut / doit être vu ? qu'est-ce qui peut / doit être entendu ? Cette approche vous amènera à penser à mettre en place un réflexe multimédia et, *a minima*, à adopter dans certains cas une écriture visuelle, dans le sens où l'on parle d'écriture cinématographique. Vous réserverez le texte à ce qu'il sait très bien faire – expliquer le complexe, analyser – et développerez le reste sous forme visuelle, plus directement compréhensible et attractive.

Les autres styles

D'autres styles rédactionnels peuvent trouver leur place sur un site : les styles marketing ou institutionnels, déjà cités, ou même un style plus littéraire, apparu récemment dans les *long forms* (voir p. 50). Si la variété est une qualité à privilégier, l'abondance peut, à terme, nuire à l'ensemble – trop de styles tuent le style… – et donner à l'internaute l'impression d'un site écrit à plusieurs mains et sans règle particulière, un peu brouillon. Cantonnez ces autres possibilités de style à un espace restreint : le style marketing à la partie boutique, le style institutionnel à la page Présentation de l'entreprise, par exemple.

Un article au style statistique sur le site Dronevolt.

Une information présentée dans un style visuel sur Direct Matin.

Une page de présentation institutionnelle sur le site de Motorola.

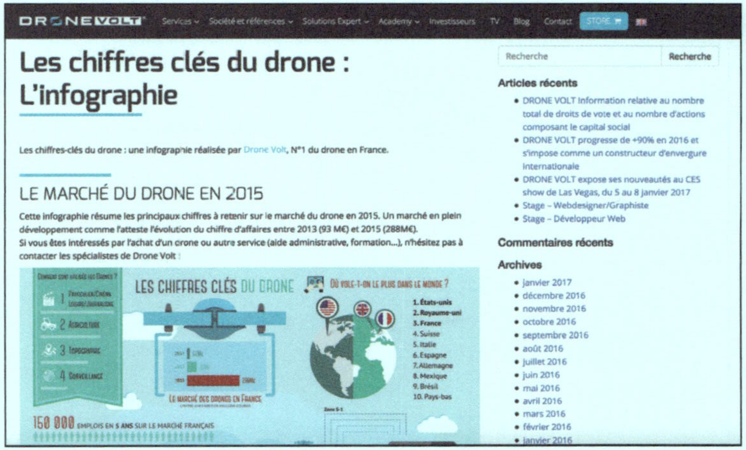
DRONE VOLT
Services Société et références Solutions Expert Academy Investisseurs TV Blog Contact STORE
Les chiffres clés du drone : L'infographie
Les chiffres-clés du drone : une infographie réalisée par Drone Volt, N°1 du drone en France.
LE MARCHÉ DU DRONE EN 2015
Cette infographie résume les principaux chiffres à retenir sur le marché du drone en 2015. Un marché en plein développement comme l'atteste l'évolution du chiffre d'affaires entre 2013 (93 M€) et 2015 (288M€).
Si vous êtes intéressés par l'achat d'un drone ou autre service (aide administrative, formation...), n'hésitez pas à contacter les spécialistes de Drone Volt !
LES CHIFFRES CLÉS DU DRONE
OÙ VOLE-T-ON LE PLUS DANS LE MONDE ?
1. États-unis
2. Royaume-uni
3. France
4. Suisse
5. Italie
6. Espagne
7. Allemagne
8. Mexique
9. Brésil
10. Pays-bas
LE MARCHÉ DES DRONES EN FRANCE
150 000 EMPLOIS EN 5 ANS SUR LE MARCHÉ FRANÇAIS
Recherche
Articles récents
DRONE VOLT Information relative au nombre total de droits de vote et au nombre d'actions composant le capital social
DRONE VOLT progresse de +90% en 2016 et s'impose comme un constructeur d'envergure internationale
DRONE VOLT expose ses nouveautés au CES show de Las Vegas, du 5 au 8 janvier 2017
Stage – Webdesigner/Graphiste
Stage – Développeur Web
Commentaires récents
Archives
janvier 2017
décembre 2016
novembre 2016
octobre 2016
septembre 2016
août 2016
juillet 2016
juin 2016
mai 2016
avril 2016
mars 2016
février 2016
janvier 2016

Direct Matin
News Stars & médias Culture Sport Sciences Lifestyle Insolite Faits divers Vos droits Vidéos
TOUS LES DIAPORAMAS
Les larmes du camp Clinton, la liesse chez Trump

MOTOROLA SOLUTIONS
Produits Services Solutions Assistance Guide D'achat Partenaires
PRÉSENTATION DE L'ENTREPRISE
Motorola Solutions connecte les hommes par la technologie.
NOUS INNOVONS AU QUOTIDIEN
POUR LES MOMENTS IMPORTANTS
À PROPOS DE MOTOROLA SOLUTIONS
Leadership en qualité
Présentation de l'entreprise
Comité Exécutif
Notre conseil d'administration
Histoire de la société
Motorola Solutions connecte les hommes par la technologie. Les organismes de sécurité publique et les entreprises commerciales du monde entier ont recours aux innovations de Motorola Solutions lorsqu'ils souhaitent mettre en place des équipes hautement connectées qui ont accès aux informations dont ils ont besoin au quotidien et lors des moments cruciaux.
Nos clients peuvent se fier à notre expertise, à nos services et à nos solutions, qui sont le fruit de nos années d'expérience, d'invention et d'innovation. En collaborant avec nos clients, et en observant la manière dont nos produits peuvent les aider dans leurs activités spécifiques, nous sommes capables d'améliorer leur expérience au quotidien.
DEMANDER DE L'AIDE
PARTAGER ET NOUS SUIVRE
Modifier les paramètres de confidentialité
FEEDBACK

L'adaptation du print au Web

Difficile de passer sous silence cette réalité de l'écriture web : parfois, il ne s'agit même pas d'écrire, mais de reprendre, avec plus ou moins de latitude, des textes issus de publications papier et de les intégrer à un site web. Un piège est à éviter : la reprise à l'identique, en copier-coller, du texte imprimé. Plusieurs raisons expliquent pourquoi cette pratique est à bannir :

- Sur la forme, le texte imprimé est souvent inadapté aux contraintes du Web (textes courts et morcelés, édition adaptée, interactivité…) et donne à l'internaute l'effet d'avoir à avaler un pavé…
- Sur le fond, l'internaute va se demander quel est l'intérêt de consulter la publication papier ou le site web puisque l'on y trouve exactement les mêmes textes. Une des deux publications va certainement y perdre de sa crédibilité, voire les deux…
- Pour cette adaptation du print au Web, plusieurs possibilités s'offrent à vous selon la liberté qui vous est laissée pour adapter ce texte.

Vous ne pouvez pas modifier le texte

- La solution « lecture et téléchargement » : sans toucher au texte initial, vous rédigez une synthèse à la manière des résumés ou des *abstracts* qui introduisent souvent les textes longs, comme les communications scientifiques ou les thèses. À la fin de cette synthèse, vous proposez de télécharger le texte initial dans son intégralité.
- La solution « édition, multimédia et interactivité » : toujours sans toucher au texte d'origine, vous adaptez sa forme aux contraintes du Web : morcellement en paragraphes de trois à cinq lignes selon le sens, intégration de niveaux de lecture (intertitres, exergues, chapeau, titre), ajout éventuel de médias visuels ou sonores, insertion de liens hypertexte, ajout de possibilité d'interaction avec l'internaute (appel à témoignage, à commentaire, quiz, sondage, etc.).

Vous pouvez modifier le texte, vous avez carte blanche

Si vous avez toute latitude pour transformer un article repris d'une publication papier, plusieurs solutions s'offrent à vous. Pour cette adaptation « libre », vous pouvez bien sûr appliquer les adaptations web classique développées ci-dessus dans la solution « édition, multimédia et interactivité ».

Deux nouvelles pistes permettront aussi de s'attaquer au contenu texte et à la façon de l'aborder :

- Le changement d'angle : puisque le texte initial traite du sujet sous un certain angle, voire sous plusieurs, la solution va être de reprendre ce sujet soit sous un angle plus resserré, soit en élargissant l'angle et en produisant, par exemple, un dossier web à partir de l'article print initial.
- Le changement de genre journalistique : la plupart des articles sont des synthèses regroupant et hiérar-

chisant des informations éparses sur un sujet, enrichies par des citations et des descriptions. Changez de genre journalistique : passez par exemple à l'interview, au témoignage ou au reportage en fonction des informations dont vous disposez.

L'intérêt de ces transformations radicales est de mettre en place une complémentarité efficace entre la publication papier et la publication web. Le même sujet est traité très différemment d'un support à l'autre, ce qui justifie la lecture / consultation des deux médias qui trouvent ainsi leur raison d'être.

À vous de jouer !

Lisez attentivement l'article du *Figaro* présenté en p. 159. Réalisez-en une version web.
- Isolez les informations selon leur thématique : économique, politique, culturelle, sociale, etc.
- Isolez les informations selon leur nature : citations, chiffres, descriptions, etc.

Si vous choisissez le changement d'angle :
- Parmi toutes les thématiques repérées dans le texte d'origine, choisissez celle qui est la plus riche en informations et qui, sans doute, intéresse plus particulièrement votre lecteur cible. C'est l'angle de votre nouvel article.
- Écrivez un nouveau texte qui ne conserve que les informations correspondant à cet angle, et éliminez celles qui sont « hors angle ». Effet non négligeable : votre nouveau texte va être plus court et plus dense.
- Complétez éventuellement avec de nouvelles informations suivant le même angle et nécessaires pour enrichir ou actualiser ce nouvel article.

Dans l'exemple suivant, le sujet de l'œnotourisme a été traité sous tous ses aspects/angles – économique, touristique, culturel – dans l'article d'origine. La version web a resserré le sujet sur le seul angle macro-économique. Vous trouverez en annexe de ce guide l'article d'origine et deux adaptations possibles pour le Web.

Si vous choisissez le changement de genre journalistique :
- Parmi toutes les natures d'informations repérées dans le texte d'origine, choisissez celle qui est la plus riche : citations, chiffres par exemple.
- Si vous avez beaucoup de citations : il y a sans doute matière à reprendre ces informations sous la forme d'une interview. Reprenez ces citations et ordonnez-les : ce sont les réponses de l'interview. Rédigez ensuite les questions correspondantes… que vous avez peut-être vous-même posées si vous avez vous-même interrogé le(s) interlocuteur(s) pour l'article papier. Vous aurez ainsi (re)composé une interview sur le sujet – sous forme courte de type 3 questions à…, ou sous une forme plus longue – et vous pourrez renvoyer vers l'article d'origine pour un traitement différent et plus approfondi.
- Si vous avez beaucoup de chiffres : visualisez-les ! Votre traitement web du sujet consistera alors en une infographie ou en une chronologie interactive (voir p. 108) s'il s'agit de dates.

La France veut sa part du marché de l'oenotourisme

BY BATURE419 – POSTED ON 1 MARS 2016 (EDIT POST)
POSTED IN: ÉCONOMIE

En France, le tourisme viticole ne connaît de réel développement que depuis environ cinq ans. Un cas à part dans le paysage mondial. Des initiatives récentes semblent toutefois montrer la prise de conscience du pays des multiples avantages de cette activité.

Élevé au rang d'industrie en Australie et en Californie, où les fameuses « wineries » de la Napa Valley attirent près de 20 millions de personnes chaque année pour un chiffre d'affaires évalué à 300 millions de dollars, le tourisme viticole a depuis longtemps convaincu nos voisins espagnols, portugais et italiens. L'Italie a même créé un

Search this site

Se connecter

Tableau de bord

L'édito

Le mariage, objet social fantasmatique
En France, le droit au mariage des homosexuels déchaîne actuellement les passions.
François Hollande, élu sur des promesses de changements et d'égalités se doit de ne pas céder sur la seule mesure phare de son début de quinquennat qu'il n'a pas encore remise en cause (droit de votes des étrangers, taxe des hauts revenus à 75 %). Pourtant, cette loi symbolique ne coûtera rien à mettre en œuvre, ce qui n'est pas la moindre de ses qualités, les Français ayant, comme c'est connu, « le cœur à gauche et le portefeuille à droite ».
Il y a deux semaines, les anti-mariage gay se félicitaient et qualifiaient de réussite leur mobilisation. Ce dimanche, c'est au tour des pro-mariage pour tous de manifester à Paris pour appuyer le projet de loi. C'est pourquoi la rédaction consacre, à cette occasion, un dossier spécial sur le mariage pour tous.
Valentin Rédacteur en chef

Agenda de l'actu en France

La scénarisation multimédia

Comme évoqué plus haut, l'adaptation poussée pour le Web amène à jouer avec plusieurs médias. Ces nouveaux contenus prennent différents noms : webdossiers, webreportages, récits multimédia… Pour que cette abondance ne nuise pas à la compréhension et à la lisibilité du sujet, il est nécessaire de scénariser ce contenu riche et attractif. Certaines règles sont à suivre, car l'élaboration de ce genre de contenu peut être délicate.

La scénarisation multimédia, mode d'emploi

Commencez par un bon brainstorming : votre sujet, s'il est dense, comporte certainement de nombreuses ramifications qu'il va vous falloir dérouler. L'idée est d'avoir une bonne vue d'ensemble de toutes ces pistes pour, ensuite, les regrouper éventuellement, les hiérarchiser et, pour certaines, les abandonner. Si vous réussissez à dégager cinq à sept angles différents, votre sujet a suffisamment de consistance. Pour vous aider dans ce travail de réflexion / structuration, aidez-vous d'outils comme les logiciels de *mind mapping*. La capture d'écran ci-dessous vous montre un travail de recherche d'angles réalisé avec l'un de ces outils, le logiciel XMind (www.xmind.net), disponible en version gratuite et payante.

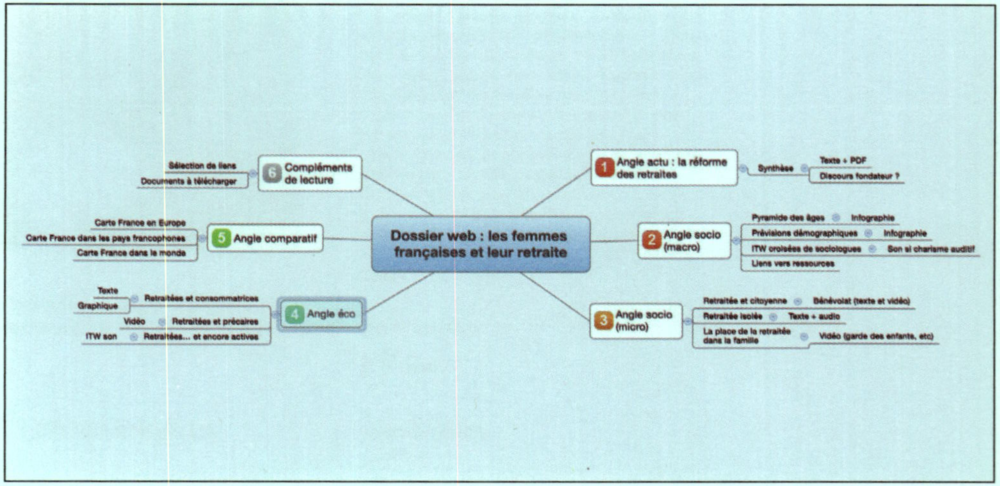

Choisissez un média pour chaque angle : comme le montre également la capture d'écran, la réflexion est vraiment aboutie quand le sous-sujet est si clair que l'on trouve sans peine le meilleur média pour le traiter. Quelques points de vigilance pour ce travail :

- Veillez à la pertinence angle / média choisi (pour la valeur de chaque média, reportez-vous aux explications ci-dessus).
- Veillez à varier vos médias (pas trop de vidéos, pas trop de textes, etc.) et à les utiliser de manière équilibrée. Sur ce point, la *mind map* permet de visualiser tout de suite la surabondance d'un média.
- Veillez à la complémentarité des médias : une infographie pour donner / visualiser des chiffres bruts et un texte pour les expliquer font en général bon ménage.

Au cœur de la scénarisation, trouvez un pivot : il faudra que l'internaute entre dans votre construction multimédia et donc que vous choisissiez par quel élément vous allez commencer – une vidéo, un diaporama, un article de fond…, les solutions sont multiples.

Conservez une lisibilité de tous les instants : chacun des éléments de votre dossier doit être lisible quand il est consulté isolément. La lisibilité de l'ensemble final – et donc sa cohérence – doit également être irréprochable.

Concevez une ergonomie qui va de soi : la construction multimédia que vous avez produite doit rester simple d'emploi, la navigation d'un élément à un autre être intuitive et ne poser aucun problème dans sa consultation. Pensez à une interactivité pour impliquer l'internaute : les personnes qui consultent votre récit ou dossier multimédia doivent être sollicitées pendant et après leur lecture, par exemple par des actions à réaliser (quiz, sondage, inscription, témoignage, etc.), par des liens vers d'autres éléments du dossier, du site, ou des liens vers des sources de références extérieures. C'est ce soin particulier à l'interaction avec l'internaute qui donnera à votre sujet tout son dynamisme.

Les risques d'un sujet multimédia

Les médias peuvent être utilisés à mauvais escient : à quoi sert une vidéo qui montre une personne interviewée en plan fixe pendant plusieurs (longues) minutes ? À quoi sert un texte excessivement descriptif quand une vidéo ou simplement un diaporama bien pensé seraient bien plus efficaces ?
Chaque média a sa valeur, son utilité propre :

- Le texte écrit : énonciation des faits, analyse de la complexité.
- La photo seule : capture de moments importants, possibilité de réaction émotionnelle.
- Le diaporama : restitution d'une linéarité, d'une suite d'événements, d'une complexité (événement à facettes multiples).
- L'infographie : restitution de ce que l'on ne peut pas voir, évocation du passé, lien entre les données pour faire sens.

- Le son : restitution de l'ambiance, du cadre, d'une personnalité, d'une émotion.
- La vidéo : illustration d'un événement dans son déroulement, mise en avant d'une situation, d'un moment, d'un personnage.
- L'animation interactive : implication de l'internaute dans la construction du sens (animation manuelle).

Méfiez-vous des médias mal ou pas édités : des photos non légendées, des lecteurs son sans titre ni indication de durée, des animations interactives sans mode d'emploi... La liste est longue des erreurs d'édition qui peuvent décourager les internautes !
Prenez garde au conflit de médias : face à une vidéo, un diaporama même bien fait sur le même sujet perdra vite la bataille !
Faites attention à ne pas survaloriser un média : un récit multimédia proposant systématiquement une vidéo (ou un texte, le problème est le même) pour traiter chaque angle du dossier risque vite de lasser l'internaute... et n'est plus vraiment multimédia !
Soyez vigilant face à la surabondance de médias : des médias en nombre excessif – c'est-à-dire trop d'angles traités – risquent de saturer l'internaute. Trop de médias tuent le média...
Enfin, évitez l'écueil d'une faible ergonomie ou d'une absence d'ergonomie de l'ensemble : si votre contenu, dense, est difficile à manipuler (absence de sommaire, par exemple, ou impossibilité d'y revenir une fois que l'on a consulté un de ses éléments), il va vite faire fuir votre internaute.

Le dossier sur le climat de Science Actualités propose une multiplicité d'angles et de médias dans un ensemble équilibré.

À vous de jouer !

Comme nous l'avons expliqué plus haut, le travail pour un *long form* et celui demandé pour un dossier multimédia sont très proches. Le dossier web (aussi appelé « récit multimédia » ou « webdossier ») va se caractériser par un contenu plus important et, de ce fait, une navigation plus sophistiquée (présence d'un sommaire).

Votre travail (issu du travail *long form*) :
- Découpage du sujet en angles.
- Hiérarchisation de ces angles.

Votre travail pour le dossier multimédia :
- Attribuez un ou plusieurs médias à chaque angle : un même angle peut être traité avec deux médias (par exemple, un texte explicatif et une interview vidéo d'un expert).
- Une fois cette répartition effectuée, veillez à l'équilibre d'ensemble (pas de surabondance d'un média, texte ou vidéo, par exemple).
- Produisez et finalisez les éléments de votre dossier.
- Mettez en place la page d'accueil : rédigez le titre et un chapeau introductif, décidez si un premier contenu doit apparaître dès la page d'accueil ou pas.
- Mettez en place la navigation dans le dossier : construisez votre sommaire à partir des liens des éléments du dossier. Dans chaque page affichant un élément du dossier, insérez un retour vers le sommaire.
- Enfin, ajoutez le cas échéant des liens vers des ressources documentaires complémentaires au dossier et des possibilités d'interaction avec l'internaute (témoignage, par exemple).

Savoir-faire

Le travail sur les contenus non textuels

5.

L’avantage des publications web est de pouvoir s’appuyer sur une plus grande palette de ressources et de médias. Il n’y a pas que le texte dans la vie ! Les producteurs de contenu habitués à tout concevoir avec un seul média sont ainsi amenés à adopter une nouvelle approche.

Afin d’acquérir ce nouveau réflexe multimédia, le questionnement doit être le suivant : dans les informations à transmettre, qu’est-ce qui peut / doit être lu ? être vu ? être entendu ? Cette « gymnastique » permettra de sortir de l’approche monomédia et de jouer pleinement la carte du multimédia. Revue de détail des possibilités d’utilisation de tous les médias non textuels.

Les photos seules

Publier des photos de qualité, c'est-à-dire impeccables sur le plan technique et pertinentes avec le sujet abordé, n'est pas chose simple.

En outre, une bonne photo a un coût, et les « économies » sur ce point – la plupart des sites n'ont même aucun budget photo – sont toujours préjudiciables. Les photos des banques d'images libres de droit, au prix forfaitaire abordable, sont techniquement au point mais très standard, et donc sans rapport direct avec les sujets traités sous un angle précis. Quant aux photos « faites maison », avec des appareils parfois performants mais tenus par des photographes improvisés, leur qualité peut s'avérer discutable. Pourtant, on ne peut pas se passer de photos sur le Web. Si l'on exclut le cas très spécifique des petits formats (flashs ou brèves) qui peuvent exister sans image, tous les contenus texte doivent comporter une photo dont la fonction principale est, presque au même rang que le titre, de capter l'attention. Si cette photo correspond à un angle précis, c'est-à-dire qu'elle traduit le message essentiel du texte, elle informe tout de suite sur le propos de l'article et donne sans doute envie d'en savoir plus. Si elle est positionnée sur la gauche (au fer à gauche, selon l'expression des éditeurs), elle fonctionne en outre comme une lettrine, cette première lettre grossie qui capte le regard.

Le site de Pratz-sur-Arly a fait le choix de visuels de grande qualité, enrichis par des informations denses et précises.

SENTIERS VTT

De nombreux parcours VTT sont balisés autour de Praz sur Arly, mais aussi sur les villages environnants. Les remontées mécaniques ouvertes durant l'été facilitent les ascensions pour les moins aguéris ou tout simplement pour ceux qui veulent profiter des profils descendants des itinéraires.

L'Espace Diamant vous permet de parcourir les **36 circuits VTT labellisés FFC**, qui représentent 250 km d'itinéraires accessibles à tous les niveaux et à toutes les pratiques. **Télécharger le plan**

L'espace VTT des portes du Mont-Blanc c'est 400 km d'itinéraires balisés qui vous attendent dont 100 km à profil descendant ! Familles, amateurs ou sportifs de haut-niveau, chacun y trouvera son plaisir ! De Praz-sur-Arly à Sallanches en passant par Megève, Combloux, Cordon, Demi-Quartier, La Giettaz et Magland, 50 circuits variés, de tous niveaux et entièrement reliés vous attendent. **Télécharger le plan**

Adoptez les bonnes pratiques

Prévoyez toujours des photos pour vos textes, si possible avant la rédaction, ce qui vous épargnera la précipitation des derniers moments et le choix d'une photo banale, évoquant le thème général mais pas le sujet précis que vous traitez.

Préparez toujours vos photos pour le Web : une photo destinée à un support papier est bien trop lourde pour le Web et risque de ralentir considérablement l'affichage de vos pages. Le traitement suivant, qui permettra de l'alléger, réglera ce problème :

- Mode colorimétrique : RVB.
- Résolution : 72 DPI. Si vous souhaitez afficher une qualité « Retina » sur votre site, choisissez une résolution plus importante (150 DPI, par exemple).
- Format de compression : JPEG.
- Taille limitée : sur la plupart des sites, la taille d'une photo principale est comprise entre 600 et 700 px. Si vous souhaitez que l'on puisse agrandir vos photos (effet de zoom), prévoyez une taille maximale double, même si dans l'article vous n'en affichez que 50 %.
- Poids final : pour une photo de 600 x 450 px par exemple, le poids devrait se réduire à 50-60 ko. Quelle que soit la taille de la photo, essayez de rester sous la barre des 100 ko pour une photo web.

Pour réaliser cette opération, utilisez des logiciels payants comme Photoshop ou libres comme gimp (www.gimp.org), ou mieux encore des éditeurs en ligne comme Picmonkey (www.picmonkey.com)

Les galeries photo

Depuis quelques années, les galeries photo, également appelées diaporamas, galeries d'images, carrousels ou *slideshows* en anglais, sont omniprésentes sur les sites. Deux raisons majeures à cet état de fait : la manipulation des outils de diaporama est devenue très simple et le prix des photos s'est effondré, notamment grâce à, ou à cause, des banques d'images libres de droit. De nombreux sites accueillent aujourd'hui les internautes avec cette succession dynamique de photos sur leur page d'accueil ; on peut également en trouver à l'intérieur des articles pour visualiser une partie des informations, ou comme un sujet en soi, sans texte, uniquement « habillé » d'un titre et d'un chapeau.

Une galerie photo sur le site du Monde.fr.

Adoptez les bonnes pratiques

Une galerie photo = un propos : le but de ce genre de traitement n'est pas simplement de faire défiler des photos. S'il n'y a pas de propos, d'angle, de sens à cet enchaînement de visuels, l'internaute, même inconsciemment, s'en rendra compte et verra... que vous cherchez à épater la galerie. Le zapping est assuré, voire la sortie du site.

Une galerie photo = une sélection : le Web n'est pas une poubelle et dans ce cas précis, le diaporama ne doit pas être le déversoir de toutes les photos sur un sujet que vous n'avez pas pu publier ailleurs. Pour tenir un propos précis et assurer une progression claire, il faudra vous limiter à un nombre restreint de photos pertinentes. La plupart des diaporamas comportent entre 8 et 15 photos.

Une galerie photo = une progression. Si votre propos et votre angle sont clairs, vous ne devriez avoir aucune difficulté à choisir vos photos, puis à les hiérarchiser. Quelle va être votre photo de départ, d'attaque ? Quelle va être la progression, le lien entre une photo et la suivante ? Par quelle photo choisirez-vous de conclure à la manière d'une chute dans un article ? Autre aspect à définir absolument, la vitesse de défilement des photos : selon la densité de la photo et son édition (légende), la bonne vitesse oscillera entre cinq et six secondes entre chaque photo.

Une galerie photo = une édition : comme évoqué précédemment, la galerie doit être éditée. Elle proposera *a minima* un titre et un chapeau court (une à deux lignes maximum) si elle est proposée seule et sans texte ; insérée dans un texte, il est également préférable de lui donner un titre, notamment pour en faciliter le référencement. Quant aux légendes, elles sont, de notre point de vue, souvent indispensables : elles précisent et complètent la photo sans répéter ce que l'on voit déjà, des éléments de texte qui plairont autant aux lecteurs... qu'aux moteurs de recherche.

Les vidéos

Une vidéo, bien réalisée comme celle présentée ci-dessous, est l'exemple le plus flagrant du dynamisme d'un site. Si elle est employée à bon escient, réalisée selon les critères qualité de ce média, elle « accrochera » votre internaute et lui laissera une impression positive, celle d'un site professionnel.

Autre avantage non négligeable, la « triple visibilité » : votre vidéo sera visible bien sûr sur votre site, mais aussi sur le compte/la chaîne vidéo que vous vous serez créée (sur YouTube, Vimeo, DailyMotion) et enfin sur le réseau social de votre internaute (page personnelle LinkedIn ou Viadeo, page Facebook) qui ne demandera qu'à « liker » et partager votre vidéo s'il l'a appréciée. Réaliser de bonnes vidéos reste un métier... et mieux vaut ne pas mettre de vidéo du tout sur votre site plutôt que de laisser passer une vidéo de piètre qualité qui risque, elle aussi, d'être partagée et de susciter un « bad buzz » autour de votre site, des commentaires négatifs ou sarcastiques.

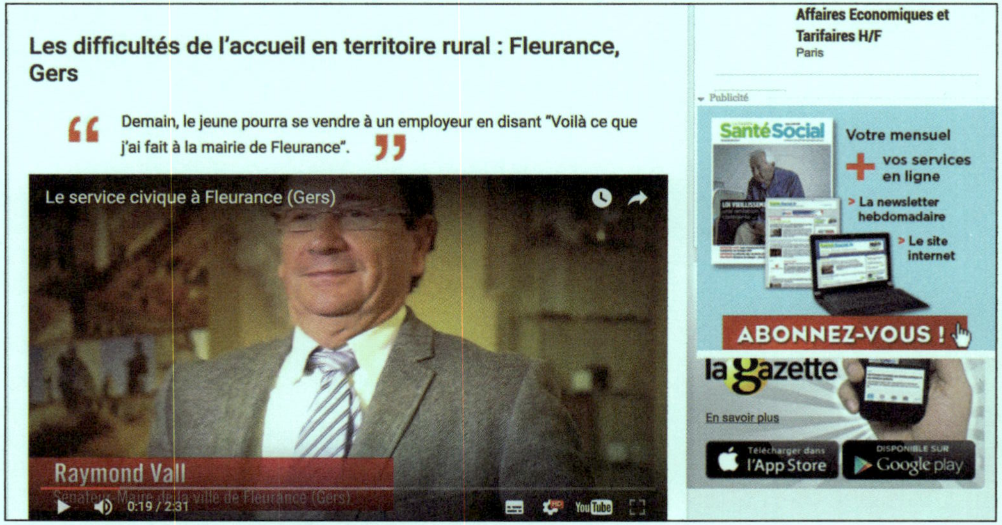

Une interview vidéo sur La Gazette des communes.

Adoptez les bonnes pratiques

Entourez-vous des bonnes compétences: il vous faut des personnes, en interne ou en externe, capables de faire de la captation d'images de qualité d'une part, et d'autre part de monter ensuite ces images de manière pertinente et créative – ce sont deux métiers à part dans le monde des médias.

Équipez-vous correctement: les outils actuels pour la prise de vue vidéo sont d'une excellente qualité, y compris les smartphones qui offrent une très bonne résolution (dont la pratique s'est généralisée chez les journalistes web). Si vous prévoyez de réaliser régulièrement des vidéos, investissez dans un équipement correct: le micro des caméras ou des smartphones est souvent de piètre qualité, achetez un micro extérieur ou, pour les interviews, un micro-cravate; il vous faudra aussi un pied (pour la caméra ou pour le smartphone) pour éviter des images «tremblées» du plus mauvais goût.

Rédigez un synopsis: plus votre sujet vidéo sera construit, plus sa réalisation sera simple – une scène après l'autre – et sa lecture fluide. Vous prévoirez non seulement les différentes parties, mais aussi les différents plans, la durée de chaque plan, etc.

Sur le Web, la vidéo est sans conteste le support informatif le plus attirant, pour les lecteurs comme pour les moteurs.
Alors, n'hésitez pas à voir grand: à partir d'un certain nombre de sujets vidéo, il peut s'avérer très payant de mettre en place une chaîne vidéo qui permettra aux internautes de visionner tous vos contenus plus facilement que sur votre site.

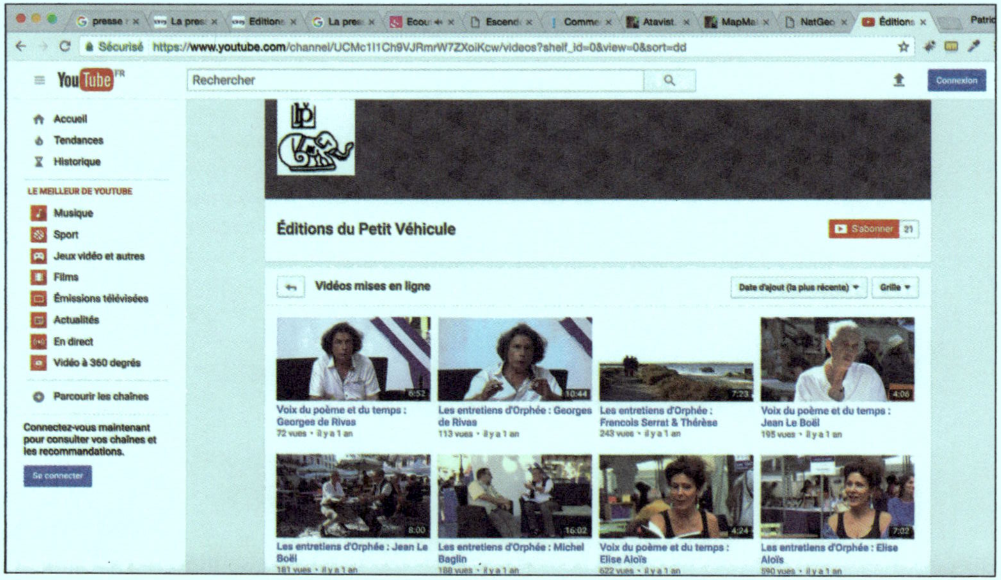

Les infographies et la datavisualisation

Comme nous l'avons déjà expliqué un peu plus haut, l'infographie a le grand mérite de rendre compréhensibles une série de chiffres pertinents, certes, mais un peu indigestes à la longue.

Comme vous le verrez en utilisant les outils mentionnés ci-dessous, le problème pour réaliser ces infographies n'est plus la manipulation d'un outil technique, mais le choix de données pertinentes et du type de visualisation le plus parlant : « camembert », histogramme, barres horizontales combinées, série de points, etc. Cette gymnastique type de données / meilleure visualisation reste un métier, celui des infographistes, mais rien ne vous empêche d'aller voir sur les sites spécialisés la palette des représentations infographiques. Pour réaliser une infographie en ligne, les outils abondent : depuis l'excellent infogr.am (infogr.am) jusqu'à PikToChart (piktochart.com) en passant par Canva (www.canva.com) et DataWrapper (www.data wrapper.de). Les performances de ces ressources infographiques en ligne sont bluffantes. L'exemple suivant illustre toute la pertinence du choix des données. Après l'accident nucléaire de Fukushima, l'organisation Greenpeace a réalisé une carte de France sur les zones d'évacuation des populations. Sur cette carte interactive ont été renseignés trois types de données : les 58 centrales nucléaires, les zones d'évacuation prévues officiellement dans les Plans particuliers d'intervention ou PPI (dans un rayon de 2 kilomètres autour de la centrale, matérialisé par un premier cercle) et les zones d'évacuation imposées par la réalité lors d'un accident nucléaire, soit 100 kilomètres (Fukushima) ou 300 kilomètres (Tchernobyl) autour des centrales.

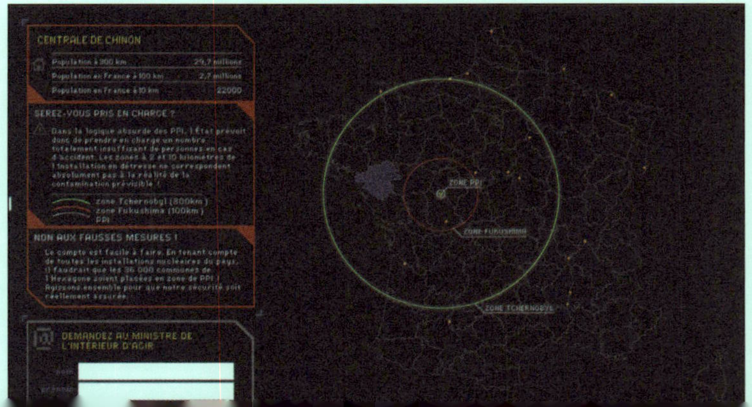

Les risques nucléaires recensés sur le site de Greenpeace.

Les cartes

Les cartes sont un élément classique de visualisation des informations, sur le papier ou sur Internet.
L'avantage du Web est que les cartes peuvent y être interactives : réalisées à partir d'un jeu de données dans un tableur, elles présentent alors de multiples points qui, lorsqu'on clique dessus, affichent des informations et éventuellement de petits visuels.
Pour réaliser ces cartes interactives, l'outil très souvent utilisé est le module Google Maps lié à une adresse Gmail. Il en existe d'autres, comme MapsInSeconds (mapinseconds.com) ou MapMaker (map-maker.nationalgeographic.org), ces deux outils étant en anglais.
L'exemple ci-dessous est assez parlant et caractéristique : il a été réalisé par Guillaume DRLZ (particulier qui travaille sur l'open data) à partir des données brutes proposées en accès libre par la Mairie de Paris, à savoir l'origine du nom des rues parisiennes.

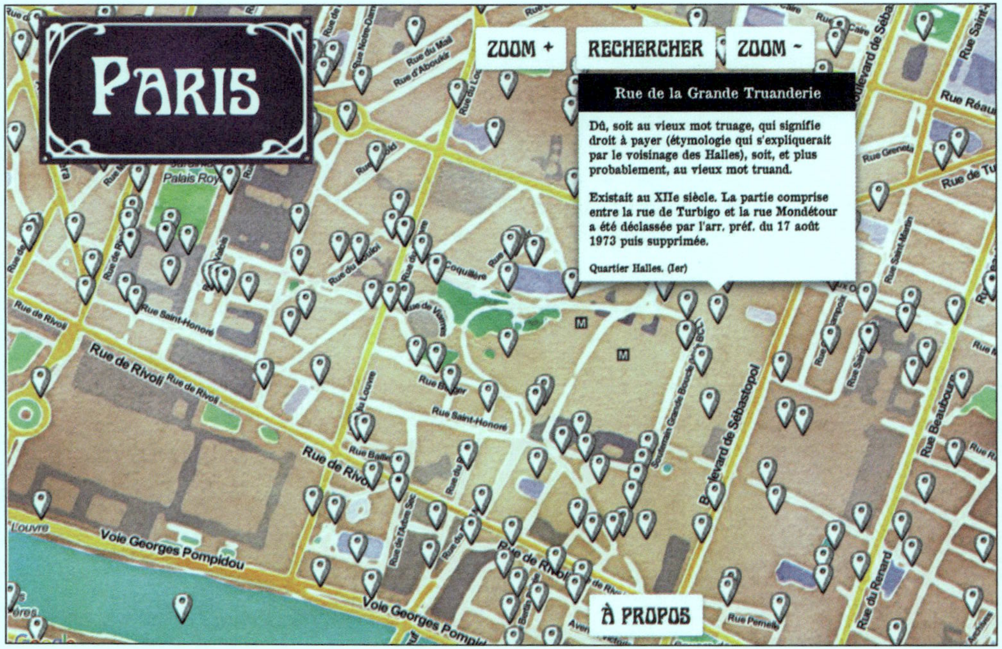

Carte interactive de l'origine du nom des rues sur Paristique.fr.

Les chronologies interactives ou *timelines*

Les chronologies interactives (encore appelées frises chronologiques ou *timelines* en anglais) constituent une méthode simple, attractive et interactive pour produire un type de contenu a priori illisible, les séries de dates. Le principe des outils de *timeline* est simple : dans des cases préformatées, vous insérez la date de l'événement, un court chapeau introductif, un visuel (photo ou, mieux encore, vidéo) avec d'éventuelles informations connexes comme une légende ou le crédit photo. Une fois que vous avez intégré la succession de dates, l'outil vous permet de visualiser le résultat – une frise horizontale avec un bandeau visualisant les événements et, en dessous, un bandeau avec toutes les dates correspondantes que l'internaute pourra dérouler de manière interactive. Une fois réalisée, la *timeline* est exportable en code HTML dans une page web.

La *timeline* permet, à volonté, de se replonger dans le passé ou de se projeter dans l'avenir : on peut ainsi revenir sur une suite d'événements marquants, illustrer un anniversaire (du type : 2007-2017, dix ans de croissance pour notre entreprise), célébrer une personne disparue avec une nécrologie visuelle, mais aussi se tourner vers l'avenir en présentant les dates à venir d'un programme ou d'une saison (culturelle, sportive). Pour réaliser vos propres *timelines*, tournez-vous vers des outils simples et gratuits comme Timeline JS (timeline.knightlab.com). Des modes d'emploi existent, comme ce tutoriel vidéo de Susana Nunes de Hello Data (youtu.be/O5tcdRWqVNY).

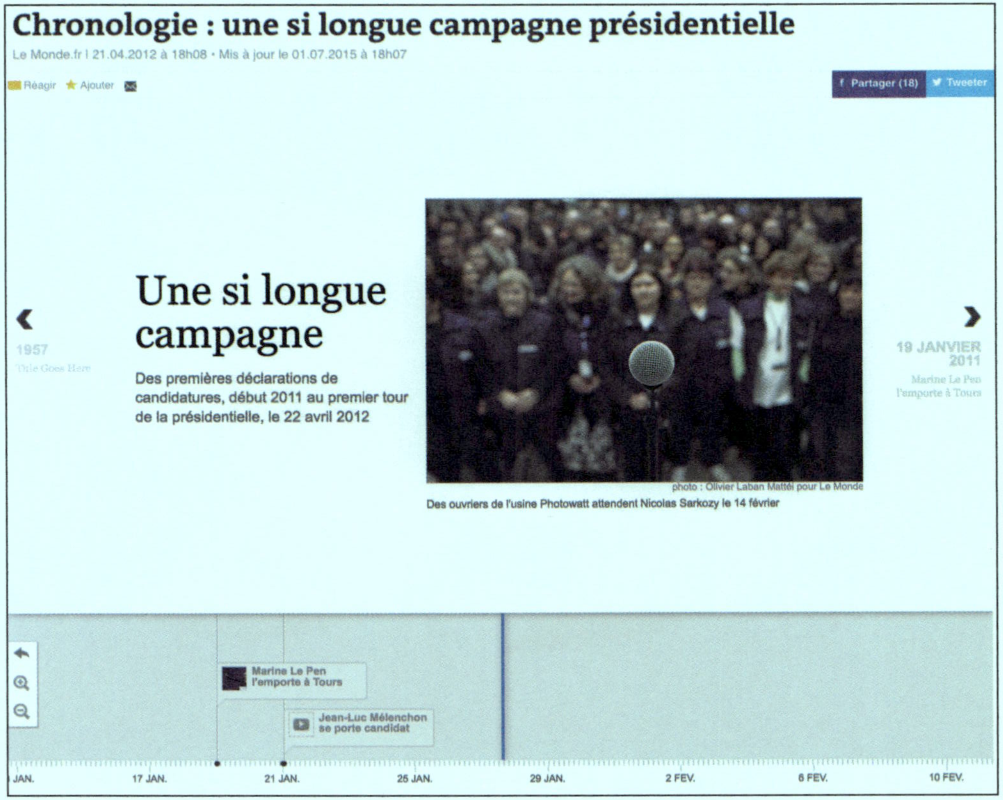

Sur Le Monde.fr, la chronologie interactive ou *timeline* permet de gérer un contenu austère, comme une succession de dates, et de le rendre attractif, multimédia et interactif.

Savoir-faire

La mise en forme du contenu

Sur le Web, l'internaute regarde avant de lire ou de consulter le contenu qui lui est proposé. Le soin apporté à l'édition ou editing facilitera cette « lecture » plus ou moins consciente des éléments informatifs, notamment grâce à des éléments de repérage récurrents comme les niveaux de lecture et à un aménagement du texte adapté aux écrans. S'y ajoute une dimension propre au Web : l'interactivité.

Le travail d'editing

L'édition, c'est la présentation du texte, son habillage, sa « mise en scène ». Cette nécessité est d'autant plus vitale sur le Web : la lecture sur écran est plus difficile et fatigante à cause de la faible taille des écrans, de leur inclinaison et de la réverbération. Les études montrent d'ailleurs qu'on lit un tiers plus lentement sur un ordinateur que sur papier. Les astuces présentées ci-dessous reposent sur les mêmes techniques que celles employées dans les publications papier (quotidiens et surtout magazines).

Le morcellement

L'objectif, avec le morcellement, est de proposer des paragraphes « digestes » à l'internaute, qui n'aura pas ainsi l'impression, consciente ou pas, de devoir lire des paragraphes longs et fastidieux. Les sites web conscients de l'importance de ce morcellement travaillent leurs textes pour les morceler en paragraphes de trois à cinq lignes. Ce morcellement reste souple et varie selon le sens, bien sûr, et il n'est pas impératif de n'avoir que des paragraphes de trois lignes, au contraire. Un texte présentant, par exemple, un paragraphe de trois lignes, puis un de cinq lignes, puis un de quatre lignes n'en semblera que plus dynamique au premier regard, celui de la « lecture balayage » de l'internaute.

Les niveaux de lecture

Le titre

C'est, bien sûr, LE niveau de lecture principal : c'est lui qui convaincra l'internaute de s'intéresser au contenu proposé… ou lui fera passer son chemin. Comme le titre dans les publications papier, il doit être court, clair, juste (exprimer fidèlement ce que l'on trouvera dans le sujet), informatif et référençable puisqu'on est sur le Web. Doit-il être incitatif ? Oui dans l'absolu et si le site web l'autorise, mais pas n'importe comment.

Savoir titrer pour le Web est une compétence en soi qui consiste à systématiser le processus suivant :

- On dégage le message essentiel du sujet, son information principale.
- On en retire les deux ou trois mots-clés qui permettront d'indexer ce sujet pour les moteurs.
- On titre en essayant d'intégrer un ou deux de ces mots-clés.

Considérons les deux exemples suivants pour illustrer cette technique :

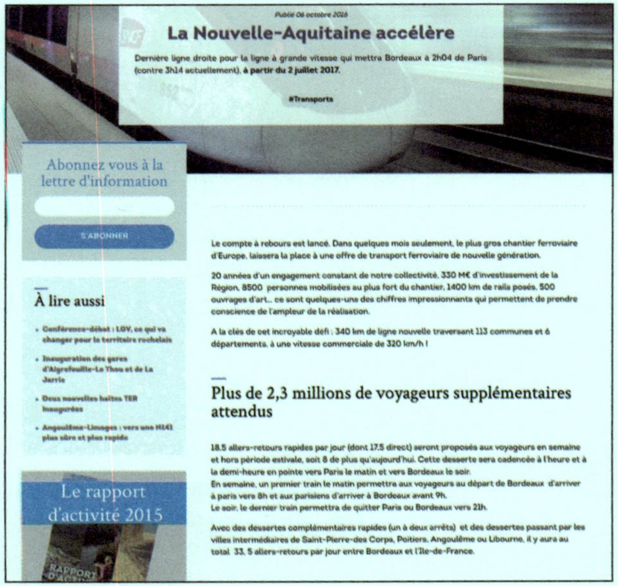

Publié 06 octobre 2016

La Nouvelle-Aquitaine accélère

Dernière ligne droite pour la ligne à grande vitesse qui mettra Bordeaux à 2h04 de Paris (contre 3h14 actuellement), à partir du 2 juillet 2017.

#Transports

Abonnez vous à la lettre d'information

S'ABONNER

À lire aussi

- Conférence-débat : LGV, ce qui va changer pour le territoire rochelais
- Inauguration des gares d'Aigrefeuille-Le Thou et de La Jarrie
- Deux nouvelles haltes TER inaugurées
- Angoulême-Limoges : vers une N141 plus sûre et plus rapide

Le rapport d'activité 2015

Le compte à rebours est lancé. Dans quelques mois seulement, le plus gros chantier ferroviaire d'Europe, laissera la place à une offre de transport ferroviaire de nouvelle génération.

20 années d'un engagement constant de notre collectivité, 330 M€ d'investissement de la Région, 8500 personnes mobilisées au plus fort du chantier, 1400 km de rails posés, 500 ouvrages d'art… ce sont quelques-uns des chiffres impressionnants qui permettent de prendre conscience de l'ampleur de la réalisation.

A la clés de cet incroyable défi : 340 km de ligne nouvelle traversant 113 communes et 6 départements, à une vitesse commerciale de 320 km/h !

Plus de 2,3 millions de voyageurs supplémentaires attendus

18.5 allers-retours rapides par jour (dont 17.5 direct) seront proposés aux voyageurs en semaine et hors période estivale, soit 8 de plus qu'aujourd'hui. Cette desserte sera cadencée à l'heure et à la demi-heure en pointe vers Paris le matin et vers Bordeaux le soir.
En semaine, un premier train le matin permettra aux voyageurs au départ de Bordeaux d'arriver à paris vers 8h et aux parisiens d'arriver à Bordeaux avant 9h.
Le soir, le dernier train permettra de quitter Paris ou Bordeaux vers 21h.

Avec des dessertes complémentaires rapides (un à deux arrêts) et des dessertes passant par les villes intermédiaires de Saint-Pierre-des Corps, Poitiers, Angoulême ou Libourne, il y aura au total 33, 5 allers-retours par jour entre Bordeaux et l'Ile-de-France.

Article du site Nouvelle-Aquitaine.fr.

Dans l'exemple p. 112, si le morcellement et l'usage des intertitres sont parfaits, le titre, en revanche, n'est pas bon, pour le papier comme pour le Web. L'article porte sur les derniers travaux de la ligne à grande vitesse entre Paris et Bordeaux. Le titre est trop flou, il a voulu jouer sur l'incitatif et utiliser une expression évoquant la vitesse, mais on ne sait pas au juste de quoi il s'agit. La Nouvelle-Aquitaine accélère, mais dans quel domaine : l'économie ? le social ? les transports ? la sécurité ? On ne sait pas. C'est d'ailleurs un critère permettant de rejeter ce titre « passe-partout » : si on peut l'utiliser pour plusieurs sujets, s'il ne retranscrit pas l'information d'un article unique, c'est qu'il est mauvais.

Enfin, le titre n'est absolument pas référençable pour deux raisons :

- Le mot-clé principal, ligne à grande vitesse, n'y figure pas – il est remplacé par Nouvelle-Aquitaine, la région essayant de se mettre en valeur au détriment de l'élément principal d'information.
- Avec son expression imagée motivée par une démarche de communication, le titre joue sur le suggestif, l'implicite. Or, les moteurs de recherche ne comprennent pas l'implicite et ne sauront pas comment bien indexer ce contenu.

Deux meilleurs titres étaient possibles :

- Titre informatif : *La ligne à grande vitesse bientôt opérationnelle.*
- Titre incitatif : *Une ligne à grande vitesse en bonne voie / sur de bons rails.*

Dans l'exemple ci-dessous, le titre est à la fois bon et adapté au Web. Il est clair, court, précis, explicite, incitatif par son rythme et son jeu sur les sonorités, référençable enfin, car il contient les mots-clés (logement et accessible / accessibilité).

Article du site Magazine Déclic.

Le chapeau

Le chapeau est une synthèse en une ou deux lignes de l'article qui suit. Ce niveau de lecture permet de faire son choix, de savoir si cela vaut la peine de lire l'article ou pas. Il est autonome et n'a pas besoin du titre ou du début de l'article pour être compris. Puisqu'il résume l'essentiel, le chapeau contient naturellement les mots-clés utiles pour le référencement. Le principal piège à éviter : faire long, c'est-à-dire confondre le chapeau et le premier paragraphe du texte.

Les intertitres

Ces « mini-titres » se placent au-dessus des paragraphes, généralement en gras, et évoquent une idée, une information que le lecteur va retrouver juste en dessous, dans le paragraphe qui suit. Ils doivent être courts – souvent deux ou trois mots tout au plus –, clairs, explicites, incitatifs comme le titre d'un article. Ils doivent aussi aider au référencement, c'est-à-dire contenir un ou deux mots-clés importants.

Quelques pièges à éviter pour ce niveau de lecture :

- L'intertitre est un titre. Ce n'est pas le thème qui est évoqué mais l'information précise que l'on a à donner sur ce thème.
- L'intertitre est court. S'il vient sur deux lignes, c'est que le rédacteur veut trop en dire, comme si cet intertitre était presque la première phrase du paragraphe. Le principe est simple : un intertitre = une seule information.
- L'intertitre est utile seulement après une certaine longueur de texte. Puisqu'il est utilisé pour relancer la lecture et casser « le gris » du texte, attendez deux ou trois paragraphes avant de proposer un intertitre. Les deux erreurs le plus souvent observées sont les suivantes : un intertitre pour commencer le texte, ou des intertitres trop nombreux, un par paragraphe par exemple.

Les exergues ou relances

Les exergues ou relances, aussi appelées « accroches », cassent le gris du texte en proposant une zone blanche dans laquelle apparaît, en plus gros caractères, un texte court reprenant une idée forte, un chiffre marquant ou une citation percutante. Absent du Web pendant de nombreuses années, ce niveau de lecture caractéristique de la presse magazine a récemment fait son apparition sur certains sites, notamment ceux proposant des textes un peu longs.

Les légendes

Les légendes accompagnent bien sûr les photos, seules ou intégrées dans un diaporama. Le principe est d'apporter des informations complémentaires que la photo ne donne pas, et non de décrire la photo et tout ce que tout le monde voit. Elles doivent bien sûr contenir des mots-clés puisque ce niveau de lecture sera analysé par les moteurs de recherche pour le référencement.

Deux remarques supplémentaires:

- L'absence de légende est souvent révélatrice de la pauvreté informative d'une photo. Si vous n'arrivez pas à légender, changez de photo.
- Certains sites (ou certains magazines) «musclent» leurs légendes en les faisant démarrer par un mot-clé, souvent un adjectif ou un verbe. Exemple: «INNOVANT – L'appli Nantes dans ma poche permet de regrouper tous les services en ligne facilitant la vie des Nantais.»

Les «graisses»: le gras et l'italique

Sur le Web, la possibilité de mettre en gras ou en italique – utiliser «les graisses» pour reprendre l'expression des typographes – existe comme sur le papier. Leur usage devra en revanche être fortement restreint:

- Les italiques sont quasi inexistants sur les pages web, et pour une bonne raison: ils sont souvent illisibles sur un support qui, par nature, ne facilite pas la lecture. La plupart des sites évitent donc de les utiliser.
- Les gras sont plus fréquents mais souvent mal utilisés.

Les titres, les chapeaux, les intertitres peuvent être mis en gras puisque ces niveaux de lecture sont des éléments importants qui doivent légitimement être mis en avant. Pourtant, du point de vue du référencement, il est plus judicieux de leur appliquer les feuilles de style spécifiques prévues pour faciliter le repérage de ces éléments-clés par les moteurs de recherche: H1 (ou Titre 1) pour le titre, H2 (ou Titre 2 pour le chapeau), H3 (ou Titre 3) pour les intertitres, etc.
Surligner en gras certains éléments de texte importants est, de notre point de vue, totalement à proscrire. En effet, aujourd'hui, un mot en gras dans un texte indique un lien cliquable; si le mot en gras n'est pas cliquable, l'internaute sera surpris, voire frustré, et ne comprendra pas pourquoi ce texte ne suit pas les règles actuelles du Web. Ensuite, «trop de gras tue le gras»: la tentation est grande de mettre du gras un peu partout – tout est important aux yeux du rédacteur – et on observe parfois des textes complètement «mouchetés», avec beaucoup de gras et d'autres parties en romain (sans gras), inconsciemment jugées moins importantes par le lecteur. Enfin, mettre en gras tel mot ou telle suite de mots est une pratique très subjective: ce qui semble important pour l'un ne l'est pas pour l'autre, ce qui peut créer des déséquilibres d'un article à l'autre ou d'une rubrique à l'autre.

Forums
Albums
aufeminin
Recherche
Connexion

par Clemence Pohale
le 29 mai 2017

3 348 partages

Serait-ce la fin des devoirs à la maison ? Cette « corvée » qui vous a peut-être fait souffrir en tant qu'enfant, voire en tant que parent, pourrait bien ne plus exister à partir de la rentrée prochaine. C'est en tout cas le souhait du ministre de l'Education nationale...

Jean-Michel Blanquer, **nouveau ministre de l'Education nationale** depuis quelques semaines, a décidé de commencer par s'attaquer aux devoirs des enfants : il a annoncé le vendredi 26 mai le lancement du dispositif « *devoirs faits* ».

Les devoirs existent toujours, mais plus à la maison

Le principe de ce nouveau dispositif ? Que **les devoirs soient faits à l'école**, et non plus à la maison. Le ministre l'a annoncé lui-même à la presse vendredi dernier à Avignon, lors d'une rencontre avec la **Fédération des parents d'élèves de l'enseignement public**. Il est donc clair que les devoirs existeront toujours, mais que les parents ne seront en tout cas plus responsables d'aider leurs enfants à les faire après l'école.

Le but ? « Amenuiser les inégalités »

Si **Jean-Michel Blanquer** se penche si vite sur le sujet (il veut que ce dispositif soit mis en place **dès la rentrée prochaine**), c'est qu'à ses yeux, les devoirs à la maison peuvent être **source d'inégalités** entre les

Sur cette page « mouchetée », le gras est surutilisé, employé de manière irrationnelle pour le lecteur : noms, événements, points importants. En outre, on ne peut pas cliquer sur les contenus en gras alors que cette pratique est devenue la norme.

Le travail sur l'interactivité

L'interactivité est l'essence même du Web : chaque article ne doit pas être une boîte bien close, un cul-de-sac, mais au contraire proposer des portes de sortie, des liens vers des compléments de lecture : archives du site, articles publiés sur d'autres sites sur le même sujet ou avec des angles différents, documents de référence. Les liens apportent une « plus-value documentaire » que l'internaute s'attend à trouver.

Liens sortants

Les liens sortants font quitter l'article et le site, renvoyant vers des articles ou des documents complémentaires. Certaines règles sont à respecter pour ne pas nuire à la lisibilité ou à l'ergonomie.

Des liens, ou pas ?

La présence ou le nombre de liens dans un texte est fonction de la longueur du texte. Si, par convention, on ne met pas de liens dans les contenus très courts qui doivent être lus en intégralité et sans distraction (chapeau, brève), les autres formats intégreront des liens, en général deux ou trois pour les formats courts (filet ou feuillet), quatre, cinq ou plus pour les textes plus longs. Dans les dossiers, les liens peuvent même composer un élément à part (« Pour aller plus loin » ou « Liens complémentaires »).

Des liens, à quelle place ?

Trois systèmes entrent en concurrence sur ce point. Les liens peuvent se mettre à l'extérieur du texte : à la fin ou sur le côté ; l'idée est de pousser l'internaute à se concentrer sur le texte et à le lire avant de « partir ailleurs ». Autre option : les liens dans le texte. Ils sont intégrés dans le texte, car ils sont conçus comme des aides à la lecture, présents quand le lecteur en a besoin pour comprendre un terme ou approfondir un point. Certaines précautions sont à prendre dans ce cas de figure : pas de liens au tout début du texte, pas de liens trop près les uns des autres, des liens si possible répartis judicieusement dans tout le texte. Enfin, le troisième système panache les deux précédents : certains dans le texte quand ils sont utiles, certains autres à l'extérieur, s'ils peuvent être lus après le texte.

Des liens, sur quelle base ?

Le principe est d'installer le lien hypertexte sur un segment court qui sera plus facilement lisible qu'une longue phrase. Par ailleurs, les mots choisis pour le lien doivent être « parlants », informer l'internaute de ce qu'il va trouver au bout du lien et contenir des mots-clés pour le référencement.

Des liens, pour aller où ?

Par convention, les liens ouvrent une nouvelle fenêtre / un nouvel onglet et ne doivent pas « écraser » la page d'origine. Une fois ce réglage effectué, on conservera en même temps dans le navigateur la page source et la nouvelle page. Autre pratique qui va dans le sens du confort de lecture : le lien ne doit pas renvoyer vers la page d'accueil d'un site, mais directement vers la page visée dans ce site.

Liens entrants

Avec le contenu original, les liens entrants sont l'élément le plus recherché par les moteurs de recherche, comme nous l'avons expliqué au début de ce guide. Comment, dès lors, développer cette denrée rare ?

Des liens entrants du premier cercle

Pour commencer ce travail de recensement de liens entrants, le plus simple est de solliciter ces liens autour de vous. Demandez par exemple aux autres sites de l'entreprise de faire un lien vers le vôtre ou vers certains de vos articles, procédez de même avec vos partenaires au sens large et vos fournisseurs. Votre demande peut se transformer en échange de bon procédé : vos contacts mettent des liens pointant vers votre site, et vous faites de même pour le leur.

Des liens entrants du deuxième cercle

Après ce premier tour, élargissez votre prospection aux sites où il peut être intéressant pour vous de figurer. Repérez les sites d'actualité, les sites de communiqués de presse, les forums et réseaux sociaux (LinkedIn, Facebook...) et proposez-leur des articles, communiqués ou contributions qui pointeront tout naturellement vers votre site et vos pages. Dans le même esprit, gardez un œil sur les blogs d'influence, créés et animés par des personnes de référence dans votre secteur ou vos centres d'intérêt. Pour obtenir des liens entrants de ces sites à haute valeur ajoutée, une technique : invitez cette personne de référence sur votre site pour une interview d'expert. Cela apportera un contenu original et de bonne tenue à votre site et, bien sûr, le site de votre expert et le vôtre échangeront des liens entrants.

Des liens entrants du troisième cercle

Enfin, dans une troisième démarche, recherchez les sites plus statiques dans lesquels vous vous devez de figurer, comme les annuaires professionnels ou les listes thématiques.

7

Savoir-faire

La relation avec l'internaute

Le travail sur l'interaction avec l'internaute

L'internaute n'est plus seulement un lecteur : c'est aussi un acteur qui veut avoir la possibilité d'interagir avec la publication qu'il consulte. Revue de détail – non exhaustive – des différentes possibilités d'interaction à proposer à vos lecteurs, qui pourront, s'ils sont satisfaits, se transformer en diffuseurs de vos informations, en ambassadeurs de votre site.

Les commentaires

L'appel à commentaires est une interaction classique… qui pose problème. En effet, tous les webmasters ayant eu à gérer des sites ouverts à commentaires sont unanimes à dire que cette ouverture attire beaucoup (trop) de commentaires inutiles, non pertinents, parfois négatifs et de mauvaise foi, et dont la modération accapare leur temps. En outre, même les commentaires positifs suscitent le doute, car certaines agences proposent d'alimenter les sites en bons commentaires, faux évidemment.

Une idée pour filtrer ces réponses : transformez l'appel à commentaires, sans objet précis, en appel à témoignage avec une question précise et sur certains articles seulement. Cela devrait faire remonter vers votre site des interactions plus qualifiées.

Les quiz et sondages

Ces deux possibilités d'interaction sont les plus populaires. Elles invitent l'internaute à jouer avec l'information et à donner son avis. Les quiz sont très appréciés, y compris par les adultes, et ils mettent en valeur la culture personnelle de l'internaute. Quiz et sondages ont en outre l'avantage d'être simples à réaliser. Pour les quiz, vous pouvez, ponctuellement, proposer des récompenses pour les gagnants.

Les appels à contenus

Certains sites, par leur objet, se prêtent à la production de contenus, texte ou photo, par les internautes. C'est le cas du site montré en exemple ci-dessous, Marmiton, qui propose, entre autres interactions, de soumettre des recettes ou de tester des produits (communauté des Croqueurs). À vous de trouver les contenus que vos internautes fidèles seraient prêts à vous transmettre et de fédérer une communauté, et le capital sympathie qui va avec, autour de votre site.

Sur Marmiton, site communautaire par excellence, le participatif est poussé à l'extrême, avec des sondages, des appels à témoigner ou à tester les produits présentés.

Les appels à infos, à services

Dans cette variante de l'interaction détaillée précédemment, l'internaute est invité à faire remonter des informations vers le site, comme les correspondants locaux des journaux, ou à proposer un service ou une aide aux autres internautes. À titre d'exemple, le site suisse Le Matin.ch propose aux internautes de se transformer en reporters mobiles et d'envoyer les photographies d'un événement dont ils sont les témoins. La publication de la photo sur l'édition papier ou le site internet du journal est rétribuée.

Les contenus décalés ?

Certains sites proposent une possibilité d'interaction plus rare, les contenus décalés, jouant sur l'humour. Ainsi, le site d'achat de vins en vente privée Un jour, Un vin (www.1jour1vin.com) a-t-il eu l'idée de diffuser une vidéo appelée « USB Wine – Téléchargez votre vin en direct des domaines », vantant « la première clé USB permettant de télécharger à n'importe quel moment de la journée et de n'importe quel ordinateur le vin de votre choix ». Même si cette clé n'existe évidemment pas, la vidéo, très crédible et professionnelle, a beaucoup été partagée sur les réseaux sociaux et fait connaître le site marchand, ce qui était l'objectif visé. Jouer sur l'humour, c'est mettre les rieurs de votre côté !

Les réseaux sociaux

Difficile, enfin, de ne pas aborder les réseaux sociaux dans cette partie consacrée aux interactions avec l'internaute. Cette extension naturelle d'un site, qui démultiplie votre présence sur le Web, est devenue une nécessité. C'est devenue une spécialité en soi, celle des community managers, et ce guide ne prétend pas traiter ce type d'interaction dense et complexe – des ouvrages ou des sites spécialisés le font déjà. Quelques principes, toutefois, peuvent vous permettre d'approcher cet univers avant de prendre contact avec des spécialistes.

Chaque réseau social est une publication

Pour être bien suivie, elle doit avoir une ligne éditoriale (quel type d'informations et pour qui) spécifiée si possible dès la page d'accueil (ce que permettent Twitter et Facebook, par exemple). Vous devez aussi publier très régulièrement, pour satisfaire tous ceux qui décident de vous suivre… et leur répondre s'ils laissent des commentaires. Il vous sera peut-être nécessaire, d'ailleurs, de rédiger une charte pour cadrer les échanges et éviter les débordements.

Chaque réseau social a son public et sa spécialité

Il n'y a pas que Facebook dans la vie et de nombreux réseaux sociaux peuvent s'avérer plus adaptés à votre identité, votre thématique ou votre public. Aller explorer des réseaux comme LinkedIn ou Viadeo, YouTube ou DailyMotion, Twitter ou SnapChat, Scoopit ou Slideshare... et faites votre marché. Une erreur à éviter : vouloir être présent sur tous les réseaux sociaux en même temps. En général, cette volonté d'omniprésence se transforme en présence numérique bancale, avec certains réseaux sociaux animés régulièrement et d'autres jamais. Choisissez bien ceux qui vous seront nécessaires, cantonnez-vous à ceux-là et faites-les bien vivre.

Chaque réseau social a sa culture propre

On ne s'exprime pas de la même façon sur LinkedIn, Facebook, Twitter ou SnapChat. Chaque réseau social a sa culture, ses codes (et notamment ses interdits), son écriture aussi. Pour découvrir cette culture spécifique, un conseil : ouvrez un compte sur le réseau social qui vous intéresse et observez, de manière passive, les échanges qui y circulent. Vous intégrerez ainsi progressivement les usages à respecter. Un dernier point sur cette interaction « réseaux sociaux » : rien ne vous empêche d'y être... sans y être. Si vous hésitez encore à être présent sur les réseaux sociaux ou si vous ne savez pas vers quel réseau vous tourner, proposez au moins sur votre site la possibilité pour l'internaute – via des boutons « réseaux sociaux » – de « liker » vos articles ou de les partager.

Le travail sur les services

Comme indiqué précédemment, le contenu d'un site ne se résume pas aux informations qu'il donne – même si c'est l'essentiel –, mais aussi aux services qu'il propose. Ces contenus pratiques illustrent concrètement le dynamisme de votre site et ont de multiples avantages :

- **Ils satisfont directement les besoins recensés pour votre public ou exprimés par lui.**
- **Ils contribuent à constituer un « capital sympathie » autour de votre site ou de votre marque.**
- **Ils vous aident à fidéliser votre cible, qui a des raisons de revenir régulièrement sur votre site... ou qui vous embarque carrément avec elle grâce à une application mobile.**

Le plus souvent, ces contenus périphériques que sont les services sont simples à mettre en place sur un site : calendrier des événements, possibilité d'inscription en ligne... D'autres nécessiteront un développement informatique spécifique : module de calcul en ligne, intégration d'outils extérieurs, développement d'une application.

Services sur site

Certains services sont simples à mettre en place et répondent à des besoins de base.

Formulaire de contact

Le formulaire de contact apporte à l'internaute une plus-value immédiate : il permet une première interaction grâce à une entrée en relation directe.

Cfjm, site suisse de formation initiale et continue, permet à l'internaute intéressé par les cours de ne pas perdre de temps : un formulaire élaboré et très complet permet d'apprécier d'emblée son profil et ses données personnelles. La prise de contact ultérieure, par mail ou par téléphone, n'en sera que plus qualifiée.

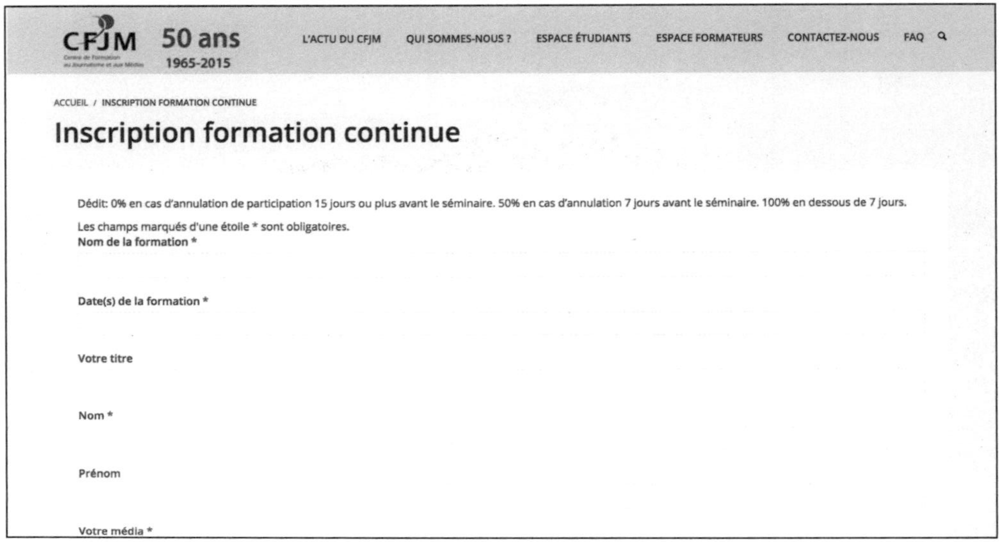

Newsletter spécialisée

Même s'il est intéressé par votre site, l'internaute n'a vraisemblablement pas le temps d'y retourner. Une newsletter ciblée, soit par sa thématique, soit par sa localisation, lui livrera votre actualité sans aucun effort de sa part.

Neoness a développé au mieux l'outil newsletter, en spécialisant celui-ci en fonction du centre de sport.

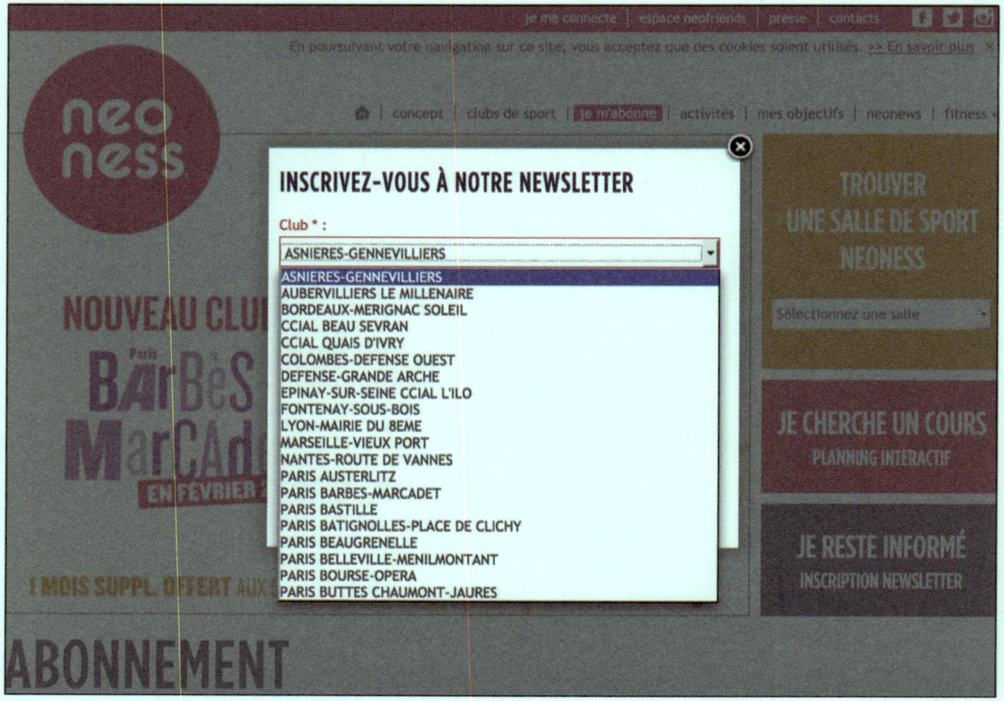

Flux RSS

Apparu à la fin des années 1990, le flux RSS désigne une fonctionnalité permettant de créer des fils d'actualité, à la manière d'un fil d'agence de presse, pour les sites riches en informations et fréquemment remis à jour. Proposer ce service à l'internaute lui permet d'éviter de revenir à tout moment sur un site qui l'intéresse, juste pour vérifier s'il y a de nouvelles informations. Cette fonctionnalité, souvent signalée par un bouton orange ou bleu et/ou la mention RSS, s'active très facilement, notamment avec le navigateur firefox. Il suffit de cliquer sur le fil RSS désiré (souvent, celui d'une rubrique entière du site).

Une sélection des derniers articles de cette rubrique apparaît ainsi qu'une fenêtre permettant de « s'abonner » à ce fil, plus exactement de l'enregistrer dans ses favoris ou, plus pratique encore, de l'ajouter à sa barre personnelle. Le flux sera ainsi directement accessible et permettra de vérifier en un clic, sans aller sur le site source, si des articles nouveaux ou intéressants ont été publiés. L'internaute accroche les informations de votre site à son navigateur et il est lui-même « accroché » à votre site, fidélisé.

Les flux RSS ont un peu cédé du terrain avec l'avènement des réseaux sociaux, notamment avec Twitter. Toutefois, il nous semble intéressant de le conserver – d'autant que cette fonctionnalité existe en standard sur la grande majorité des sites –, en parallèle d'une présence sur les réseaux sociaux. Pour un certain nombre d'internautes, le flux RSS paraîtra plus ergonomique et les réseaux sociaux plus difficiles à gérer… ou plus intrusifs !

Des flux RSS pour « accrocher » l'internaute sur le Journal du Net.

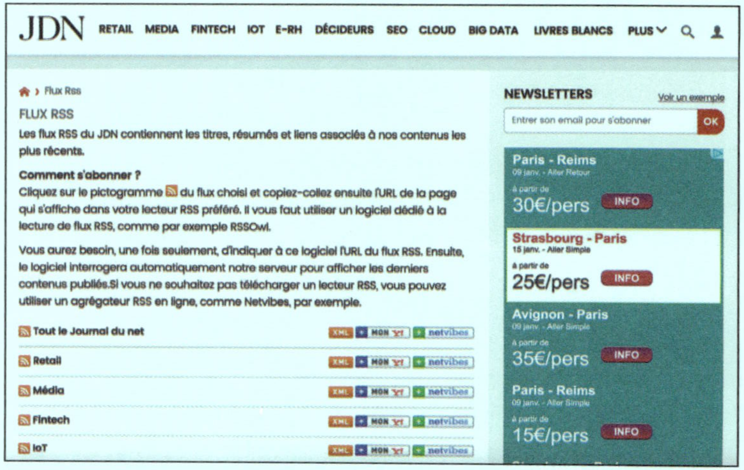

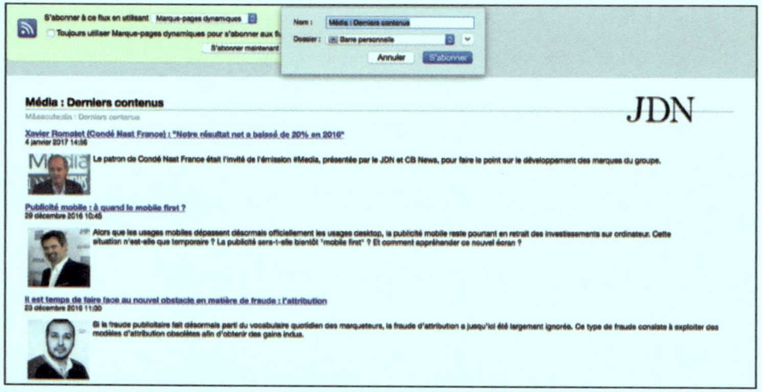

Informations en direct

L'un des avantages majeurs d'Internet réside dans sa capacité à délivrer les informations en temps réel. Données brutes, flashs info ou images en direct, la forme importe peu : c'est le service rendu à l'internaute qui compte.

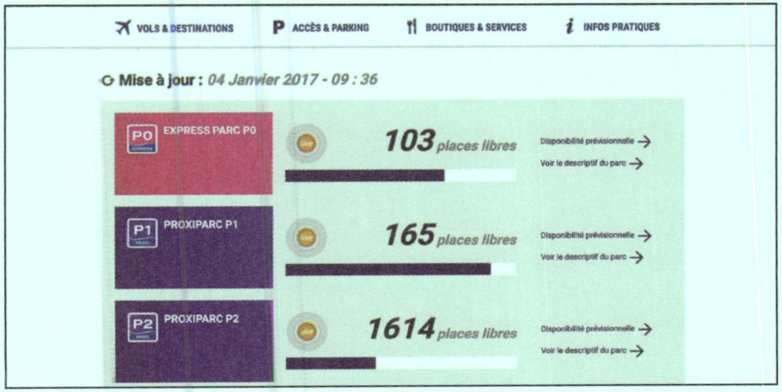

Le site de la station de ski de Pratz-sur-Arly, en Haute-Savoie, met en avant les informations que cherchent les skieurs avant de se rendre dans la station : météo, état d'enneigement des pistes. Pour livrer ces informations en direct, la station a recours aux bonnes vieilles webcams. Placées judicieusement aux trois endroits-clés du domaine skiable, ces caméras permettent une inspection en temps réel des pistes, balayées à 180°.

Le site de l'aéroport de Toulouse-Blagnac dispose d'une connexion directe avec les différents parkings attenants. La disponibilité des places dans les trois parkings s'affiche ainsi en temps réel, un bon moyen d'éviter la crise de nerfs juste avant de prendre l'avion, d'autant qu'il est également possible de réserver sa place. Les informations en temps réel de l'aéroport – places de parking mais aussi heures d'arrivée et de départ, retards éventuels – sont évidemment déclinées sur une application mobile, encore plus pratique.

Réservation en ligne

Les opérations commerciales de toute nature ont été parmi les premières à s'engouffrer dans le monde des sites web – et à justifier le coût de développement. Proposer ce genre de service à l'internaute, c'est lui épargner démarche ou déplacement et développer ainsi son propre capital sympathie.

Dans le même esprit que l'exemple ci-dessus, le site des Aéroports de Paris propose de gagner du temps en réservant en ligne des devises pour un voyage à l'étranger. Cette dimension service est même poussée un cran plus loin grâce à l'assistant personnel que l'internaute peut se créer sur le site. Cet assistant permet de simplifier la préparation de son voyage, principalement en centralisant toutes les informations nécessaires.

Comparateurs et calculateurs

Le big data, les grandes masses de statistiques, permet d'accéder à une information plus qualitative : la comparaison de données sur un périmètre étroit – données personnelles – ou plus large – services similaires passés au crible. Quelques « coups de pouce » suffisent pour avoir les moyens de comparer et de choisir.

Pour favoriser la réflexion des particuliers autour d'un projet immobilier, le site MeilleurTaux.com propose un comparateur de frais bancaires en ligne, « meilleurebanque.com ». Après avoir renseigné certaines informations personnelles comme l'âge, le lieu de résidence, la banque actuelle et le type de carte bancaire utilisée, l'internaute pourra d'ores et déjà aller discuter des frais bancaires avec son banquier, puis envisager de demander un crédit immobilier… ou de changer de banque.

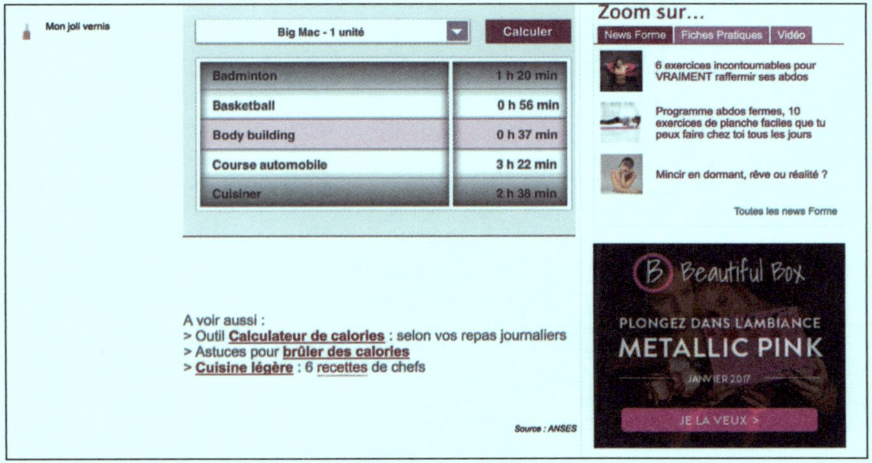

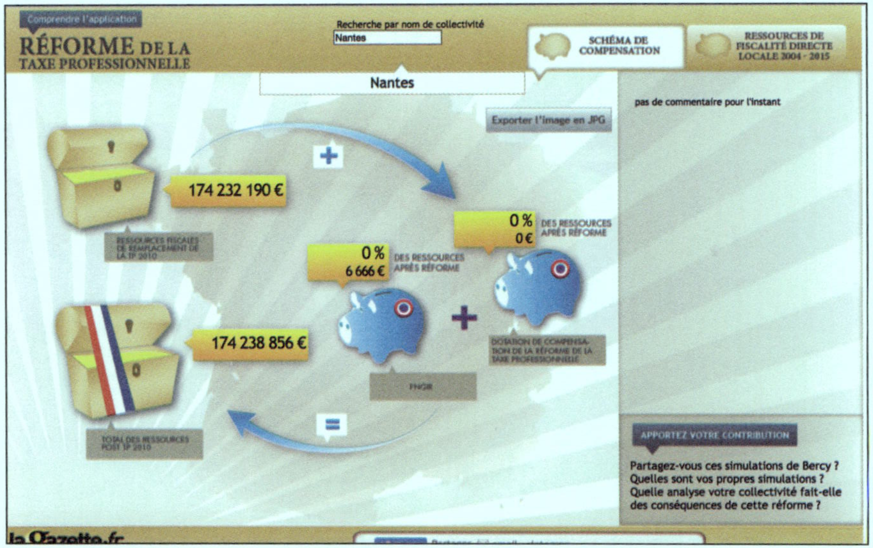

Le calculateur de calories en ligne du site Au Féminin.com permet à l'internaute de mesurer précisément ses excès alimentaires et de savoir quelle activité pratiquer pour se débarrasser de ces calories en trop. Une façon astucieuse, positive et non culpabilisante d'aider à une prise de conscience alimentaire, et de renvoyer ensuite vers des articles liés au sujet abordé (articles présentant des astuces pour brûler ses calories ou des recettes de cuisine légère).

Pour rendre très concret l'impact de la suppression de la taxe professionnelle, le site La Gazette des communes a intégré un simulateur basé sur les données du ministère des finances à Bercy. Il suffit de renseigner le nom de sa ville pour voir apparaître une visualisation, le schéma de compensation qui permet de connaître les recettes de remplacement de cette taxe.

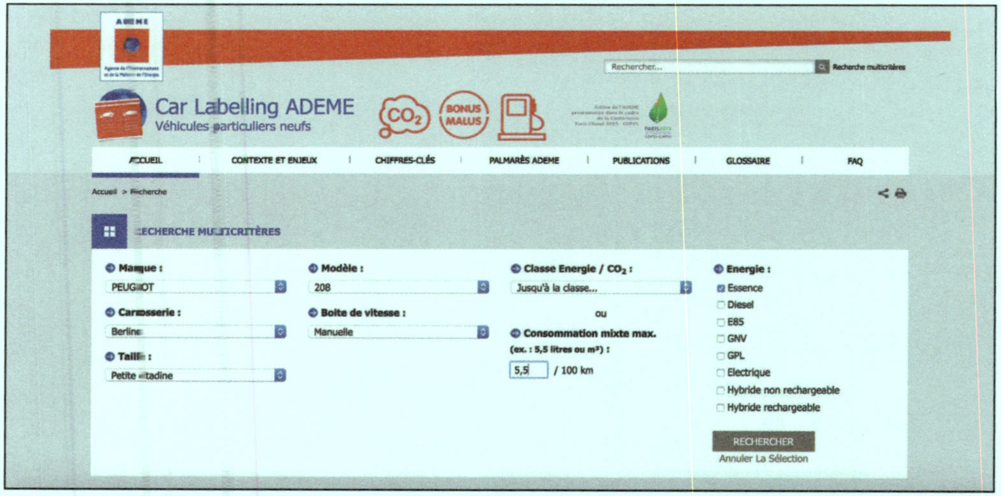

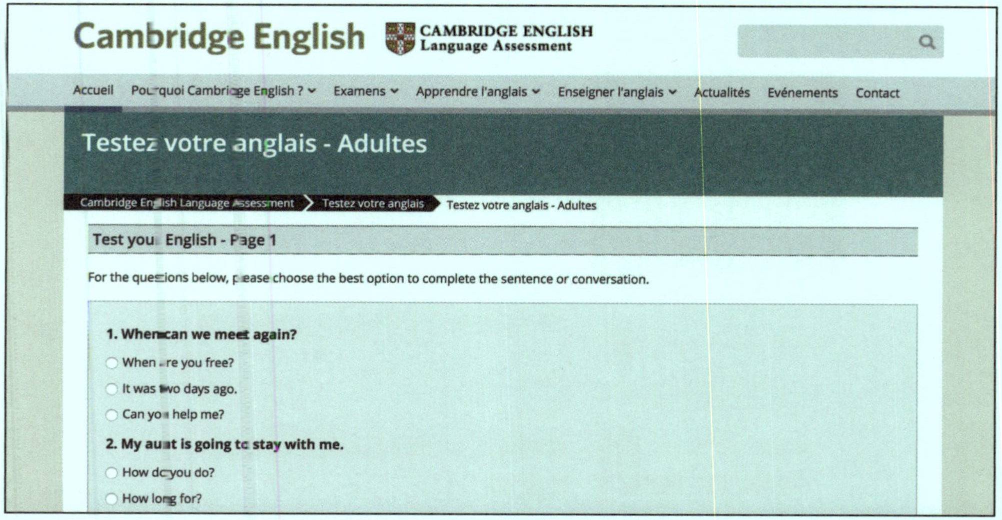

Parallèlement à ses articles et leurs informations génériques ou spécifiques, l'Agence de l'environnement et de la maîtrise de l'énergie (Ademe) met à disposition des visiteurs du site un certain nombre d'outils et de services. Ce calculateur de CO_2 permet d'apprécier les rejets de ce gaz occasionnés par un véhicule grâce à des informations techniques précises indiquées par l'internaute.

Sur ce site d'un organisme de formation linguistique, quoi de plus naturel qu'un quiz pour tester ses connaissances ? Ce service assez logique permet à l'internaute de gagner du temps pour évaluer son niveau et de s'inscrire par la suite au bon cours en toute connaissance de cause.

Services hors site

Les sites dédiés

Parfois, une animation éditoriale pertinente déborde du site d'origine et ne peut pas y être intégrée. Il serait dommage de gâcher une bonne idée, pourquoi dès lors ne pas lui consacrer un site dédié ? Le site web de base devient alors la tête de pont d'un dispositif web dense et dynamique. Quelques exemples de ces « sites-bourgeons ».

La problématique du recrutement est centrale pour une entreprise comme KFC, soumise à une rotation importante de son personnel. Elle a choisi de sortir ce sujet de son site institutionnel pour lui donner toute sa place et lui assurer une exposition maximale.

Le Conseil départemental de Vendée dispose d'une riche collection de sites dédiés pour déployer toutes ses informations importantes. L'exemple le plus médiatisé est le site du Vendée Globe, qui, en plus d'accueillir l'information de cet événement nautique – portraits des marins, progression en direct des bateaux, cartographie, etc. – pendant les deux mois et demi de la course, représente une vitrine du dynamisme du département.

Avec Auwwwergne, la région du même nom a frappé un grand coup en créant le premier réseau social régional. Avec des contenus serviciels (*Le Wiki de l'Auwwwergne, L'Univers de l'Auwwwergne*) ou décalés (*Les Disparus de l'Auwwergne, L'Auwwwergne de la tentation*), le site a pu générer un capital sympathie autour de la région... sans bousculer le site institutionnel, très classique. Cette tentative originale d'allier contenus institutionnels et décalés a perduré quelques années puis le site a été fermé.

Les applications

Les applications sont des extensions naturelles des sites web : la consultation de leurs informations devient ainsi plus fonctionnelle – mobilité, géolocalisation – et plus lisible. Elles contribuent aussi, par leur praticité, à consolider le capital sympathie autour d'une institution ou d'une marque. Les applications présentées ci-dessous ont en commun leur praticité et leur pertinence. À vous de jouer !

Le bouquet d'applis Michelin : une appli pour chaque usage
Ici, c'est la diversité des services proposés par Michelin qui justifie la création de plusieurs applications, chacune ayant une finalité particulière. La préparation du véhicule personnel avant le voyage, le trajet lui-même, le choix d'un hébergement, d'un restaurant et la découverte des sites touristiques (autant de situations spécifiques avec leur lot d'informations caractéristiques) plaidaient pour une collection d'applis spécialisées et plus lisibles.

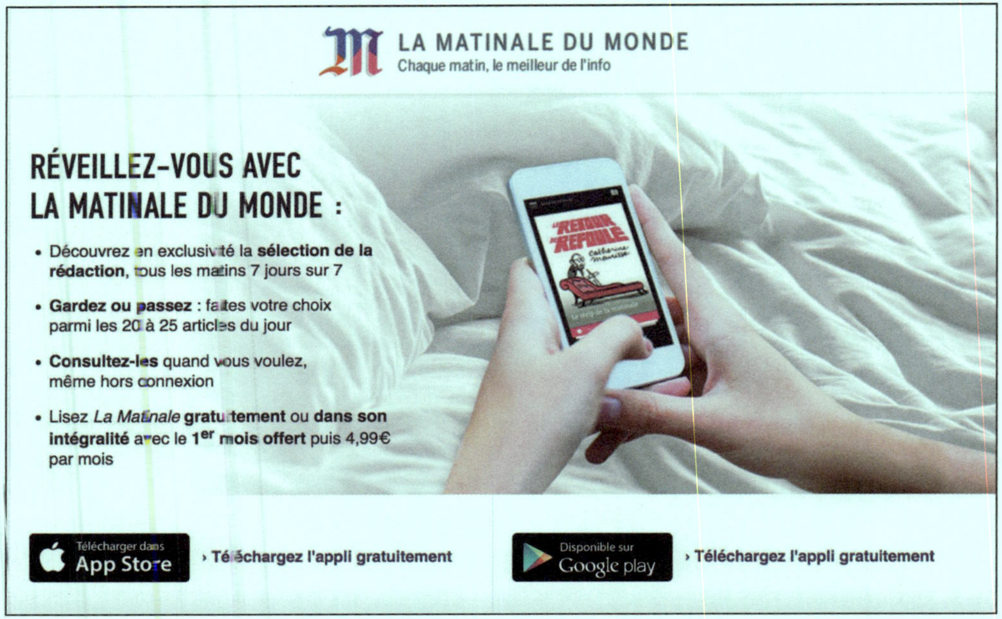

La Matinale du *Monde* : une abondance d'informations parfaitement gérée
L'appli du quotidien *Le Monde* peut servir d'exemple à tout site web de référence sur lequel l'information, très abondante et actualisée en permanence, devient difficile à suivre. Tôt le matin et sept jours sur sept, l'appli envoie une vingtaine d'articles sélectionnés par la rédaction qu'il est alors possible de consulter dans l'instant ou, si l'internaute-mobinaute n'est pas disponible, de ranger d'un coup de pouce pour une lecture ultérieure. Les articles balaient toutes les thématiques et sont dotés d'une indication « temps de lecture nécessaire » en minutes qui tient compte de la disponibilité variable du lecteur. Une fonctionnalité vient parfaire ce service : une fois téléchargée, la sélection quotidienne est consultable hors connexion internet.

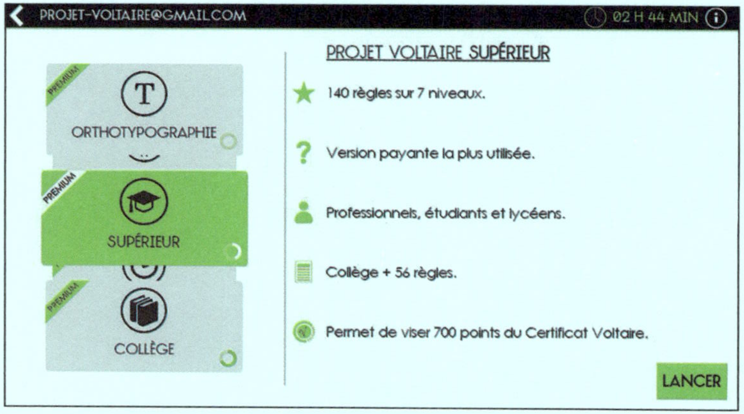

La Fourchette : une appli pour « le bouche-à-oreille »
Le principe d'une appli comme celle de la Fourchette est d'aider l'utilisateur à faire son choix parmi une très importante sélection.
Celui-ci peut s'appuyer sur deux types de critères : d'une part, ses premières impressions au vu des informations objectives données sur le restaurant (menu, prix, cadre), et, d'autre part, les recommandations fournies par les pairs (notes, restaurants les plus réservés). Là encore, l'appli enrichit le site d'origine par sa praticité : son avantage est de permettre la réservation « coup de cœur », effectuée dans l'instant, au fil d'une balade.

Projet Voltaire : une appli pour apprendre à tout moment
Voici un exemple d'application ludique à méditer, le jeu étant la deuxième raison d'installation d'appli sur les mobiles après les services. Le Projet Voltaire s'est donné pour objectif de réconcilier les Français avec leur orthographe, et si possible de manière simple et ludique. L'appli permet à tout moment de jouer avec les règles de la langue avec des exercices courts et progressifs, d'apprendre pendant les courts moments de disponibilité, d'accumuler points et satisfaction. De quoi devenir accro à l'orthographe !

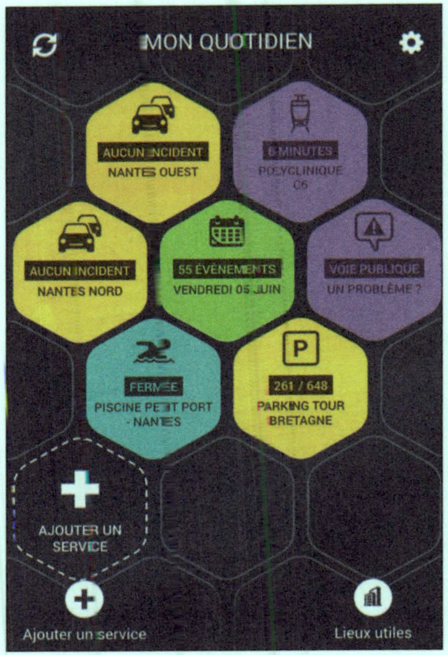

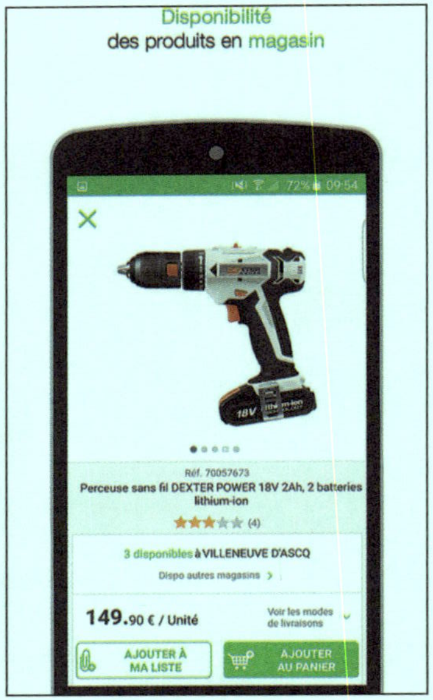

Nantes dans ma poche: une appli pour regrouper les services d'une ville
Les sites web des collectivités territoriales, et notamment ceux des villes, peuvent devenir des labyrinthes inextricables si l'ergonomie et la profusion d'informations ne font pas bon ménage… Une appli bien pensée, comme Nantes dans ma poche, peut à la fois remédier à ce problème et promouvoir le site source et ses informations: celles-ci sont sélectionnées et centralisées sur un seul support, personnalisable, mobile et ouvert à la géolocalisation de surcroît.

Leroy-Merlin: une appli pour des visites qualifiées
Les grandes surfaces et les distributeurs en tous genres – produits alimentaires, de bricolage, pièces détachées… – ont vite compris l'intérêt d'un site internet et, par extension, d'une application. Grâce au numérique, le déplacement en magasin n'est plus une perte de temps pour choisir un produit ou vérifier sa disponibilité: ici, l'appli permet d'accomplir ces actes «pré-achat» à distance et de réserver le produit désiré.
Le déplacement en magasin devient une visite qualifiée transformée systématiquement en achat concret.

À vous de jouer !

Développer une appli web (ou web app) est à la fois simple et complexe. Une web app se conçoit comme un site sur le plan éditorial, avec une réflexion éditoriale sur le public et les contenus. Cette étape préliminaire permettra d'engager, dans un second temps, l'étape technique, dont vous discuterez avec un prestataire technique.

Votre travail :

- Définissez l'idée générale de votre application en une seule phrase.
- Trouvez le public / marché cible qui correspond à cette application.
- Listez les grandes fonctionnalités de cette application.
- Détaillez chacune des fonctionnalités.
- Définissez les interactions entre les différentes fonctionnalités.
- Visualisez l'écran d'accueil en le dessinant ou en le créant avec un outil adapté (comme Como – www.como.com – ou AppliGo – appligo.biz).
- Faites valider l'application, sa finalité et son prototype par un panel d'utilisateurs cibles.
- Adapter le projet en fonction des retours.

Savoir-faire

La relation avec… les moteurs de recherche

À tout le travail sur le contenu s'ajoute une dimension propre au Web : le référencement, ou la nécessité de faciliter le repérage de vos contenus (textes, mais aussi photos, vidéos, infographies, etc.) par les moteurs de recherche. Si nous avons déjà abordé ce point plus haut sur le plan technique – le comportement des moteurs et du premier d'entre eux, Google –, nous abordons ici la partie des initiatives que l'on peut prendre pour rendre son site « dynamique » aux yeux des « détectives du référencement » que sont les robots des moteurs.

Comme nous l'avons rappelé précédemment, le référencement est une nécessité – si l'on n'est pas « lisible » au regard des moteurs de recherche, on a très peu de chance d'être repérable / repéré et donc lu. Travailler le référencement de son contenu dépend en partie de vous et repose sur quelques principes simples.

Comment fonctionn … référencement et les mots-clés ?

Pour alimenter leurs index/listes de pages w… es en fonction de mots-clés, les moteurs de recherche activent des robots qui parcour… cannent Internet. Ils sont paramétrés pour chercher les mots-clés dans des zones « chau… au sein desquelles ils sont susceptibles de trouver des mots-clés pertinents :

- La zone de l'adresse URL de la page.
- La zone titre.
- Les niveaux de lecture souvent traités de manière spécifique (taille de polices, gras).
- Les liens.
- Les champs photo (titre, légende).

Les moteurs sont également à l'affût des pages actualisées, c'est-à-dire qui ont reçu de nouvelles informations.

Convaincus de la nécessité des mots-clés pour faciliter le repérage de leurs contenus sur Google ou via leur moteur de recherche interne, les créateurs de sites web sont souvent à la peine pour trouver le ou les mot(s)-clé(s) « magique(s) » qui leur permettra(ont) à coup sûr de figurer en tête des moteurs de recherche. Et pourtant, il n'y a rien de magique dans le processus de référencement… Tout au plus peut-on lister quelques critères qualité des mots-clés, aujourd'hui reconnus par les spécialistes du référencement.

Le mot-clé, quèsaco ?

L'expression « mot-clé » en vigueur dans le monde du Web est en réalité assez trompeuse et il faut la comprendre au sens large. On devrait dire « un terme ou une expression de recherche », ce qui ouvrirait la porte :

- Aux expressions (si « sécheresse » est un mot-clé, « réchauffement climatique » l'est aussi).
- Aux sigles (« PSG » ou « Paris Saint-Germain »).
- Aux codes (« RU 486 », « L.627 », etc.).
- Aux dates si elles sont pertinentes (« Salon du Livre 2017 »).

Le mot-clé, c'est l'internaute

Sous cette formule se cache une dimension essentielle de votre site ; paradoxalement, celui-ci n'a pas été conçu pour vous mais pour l'internaute, pour votre cible. S'agissant des mots-clés, le créateur ou le contributeur d'un site doivent considérer que ces termes doivent répondre en priorité aux besoins de l'internaute, pas aux besoins de classement de la structure.

Le mot-clé, c'est l'info

Si l'on revient à la base, le mot-clé ou l'expression-clé sont des « étiquettes » qui permettent de caractériser une information. Celle-ci est composée d'éléments incontournables : quelqu'un (QUI) a fait quelque chose (QUOI) à un moment donné (QUAND), dans un lieu donné (OÙ) et pour une raison donnée (POURQUOI). Les mots-clés les plus logiques sont ceux exprimant le QUI, le QUOI, le OÙ et plus rarement le QUAND.

Le mot-clé, c'est précis

Le mot-clé ne doit pas être vague et, au contraire, être si précis qu'il doit se comprendre seul. Le terme « services » permet toutes les ambiguïtés, l'expression « services à la personne » est beaucoup plus pointue.

Le mot-clé, c'est spécifique

Dans le même esprit, le mot-clé n'est jamais générique, toujours spécifique. Dans l'un des articles mentionnés dans cet ouvrage et portant sur l'activité touristique développée par les viticulteurs autour de leur activité, les termes « agriculture », « vin » et même « viticulture » sont trop vagues ; le terme « œnotourisme » est beaucoup plus précis. Trois conséquences découlent directement de cette spécificité :

- Le mot-clé n'est JAMAIS un nom de rubrique ou de catégorie de votre site.
- Le mot-clé n'est jamais identique pour les articles d'une même rubrique ou catégorie, il est spécifique à chacun d'eux.
- La fonction du mot-clé est aussi de permettre une navigation transversale dans votre site, d'une rubrique à l'autre.

Le mot-clé, c'est… du bon sens

Enfin, le mot-clé peut aussi reposer sur le simple bon sens que vous mettez en œuvre tous les jours sur Internet. Quand vous êtes « de l'autre côté du Web » et que c'est vous qui cherchez, vous utilisez naturellement les bons mots-clés. En cas de doute sur les bons mots-clés à utiliser, posez-vous une question simple : quels mots utiliseriez-vous personnellement pour faire cette recherche dans un moteur ?

Comment favoriser son référencement ?

Des mots-clés, partout

Chaque contenu doit contribuer au référencement par l'ajout systématique de mots-clés dans les champs prévus (titre, description, mot-clé principal selon les systèmes de publication). Cela concerne bien sûr les textes comme nous l'avons expliqué plus haut, mais aussi toutes les images, les vidéos, les sons, etc.

Les informations en première ligne

Les moteurs de recherche concentrent leur analyse sur le début des textes, sur le principe de « si c'est important, c'est au début ». Dans l'écriture de vos articles, gardez cela à l'esprit et mettez l'essentiel de l'information dans le premier paragraphe.

Des publications fréquentes et actualisées

Les publications ou nouvelles publications d'informations déclenchent de nouvelles visites des robots indexeurs sur vos pages. Votre site doit « bouger », avoir une dynamique de publication – c'est tout le propos de ce guide ! – avec des mises en ligne fréquentes d'informations nouvelles ou des mises à jour.

Des liens dans tous les sens

Les liens hypertexte sont des éléments très prisés par les robots des moteurs de recherche : ils y trouvent des pistes vers de nouvelles pages à indexer. Votre site doit donc privilégier l'utilisation de tous les types de liens : liens externes vers d'autres pages, liens vers vos archives, liens entrants de partenaires pointant vers vos pages.

Des contenus uniques

Le rythme du Web et les contraintes professionnelles poussent souvent à alimenter un site... avec des contenus déjà publiés ailleurs et copiés dans le nouveau site. Vous avez donc tout intérêt à rédiger des textes originaux par leurs informations et / ou par le traitement original que vous leur apportez.

Évaluer la qualité de son référencement

Travailler son référencement, c'est aussi mesurer l'impact réel de tous ces efforts pour « sortir de la masse », pour être repérable et repéré. Pas de référencement sans analyse précise du positionnement et du trafic drainé par votre site.

Conscient de l'importance de la visibilité de votre site, vous avez sans doute essayé de taper son nom dans un moteur de recherche. Deuxième option, plus réfléchie : indiquer la combinaison de mots-clés sur lesquels vous voulez positionner votre site pour apprécier si celui-ci apparaît en bonne position. Ces deux démarches sont compréhensibles... mais parfaitement inutiles, car les résultats sont faussés.

En effet, les moteurs de recherche « contextualisent » leurs résultats en fonction de l'historique de votre navigateur. En clair, Google et les autres font remonter en priorité, automatiquement, les résultats correspondant aux recherches que vous avez déjà effectuées sur votre ordinateur. Deux solutions pour contourner cette « géolocalisation » : effectuer la recherche désirée en activant le mode « navigation privée » de votre navigateur ou lancer la même recherche sur un autre ordinateur. Par ailleurs, vous pouvez – et même vous devez – analyser le trafic de votre site et son évolution.

C'est ici que les outils de mesure de trafic entrent en scène. Nous présentons ci-dessous les plus connus, Google Analytics et Google Search Console, issus de l'univers Google. D'autres outils existent, parfois gratuits (Piwik) et le plus souvent payants (KissMetrics, Mixpanel, Adobe Analytics, Woopra, FoxMetrics, Chartbeat).

Google Analytics

Bien connu des propriétaires de site et des webmasters, Google Analytics permet de récolter des données précises sur la consultation de votre site. Le principe est simple : à partir d'une adresse Gmail, vous pouvez créer un compte Analytics central dans lequel vous intégrerez un ou plusieurs sites web. Chacun de ces sites se voit attribuer par Google Analytics un identifiant unique, appelé Universal Analytics (UA). Le lien entre votre site et le tableau de bord du compte Analytics se fera par un plugin ou un module spécifique à installer et paramétrer (c'est le cas si votre site est conçu sous WordPress, Joomla ou Drupal, par exemple).

Dans les autres cas, vous devrez ajouter le code proposé par Google Analytics au code d'un élément présent sur toutes les pages de votre site, comme le bandeau de tête (*header*) ou le pied de page (*footer*). Les données recueillies par Google Analytics sont nombreuses et très précieuses pour qui prend le temps de les analyser.

L'audience du site, sa fréquentation, est consultable de différentes façons : sur une période donnée et, dans cette période, à différentes fréquences (par heure, par jour, par semaine, par mois...). Il est ainsi possible de voir, par exemple, si les efforts réalisés lors du lancement du site ou d'une opération particulière (salon professionnel mis en avant sur le site par des articles) ont réellement suscité l'intérêt des internautes **(1)**.

Les informations recueillies sont brutes mais riches d'enseignements : nombre de visiteurs (utilisateurs), pages vues par visite (sessions), durée moyenne passée à chaque visite / session, taux de rebond (visite sans consultation d'autres pages), pourcentage de nouveaux visiteurs et de visiteurs revenant sur le site **(2)**.

Les informations fournies sont très complètes, comme l'origine géographique des internautes qui visitent votre site pour de bonnes ou de mauvaises raisons (pirates informatiques). À scruter tout particulièrement : le comportement sur mobile, le support de consultation qui supplante peu à peu l'ordinateur **(3)**.

Paramétrer correctement Google Analytics est un processus long et parfois complexe. Heureusement, de nombreux tutoriels permettent de le maîtriser, à commencer par celui proposé par Google lui-même à l'adresse suivante : https://support.google.com/analytics/?hl=fr#topic=3544906

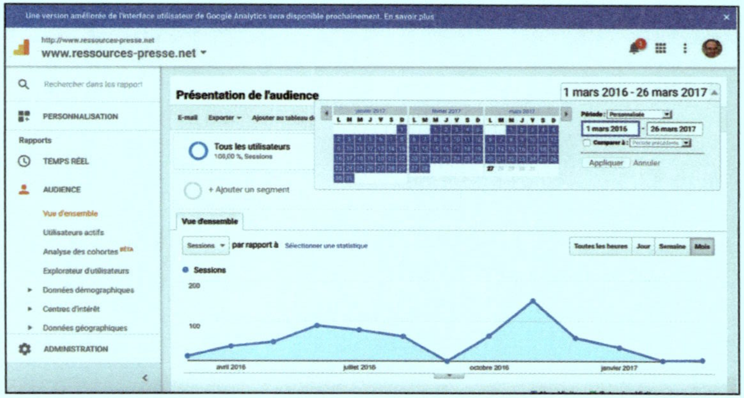
Une version améliorée de l'interface utilisateur de Google Analytics sera disponible prochainement. En savoir plus
www.ressources-presse.net
Présentation de l'audience
1 mars 2016 - 26 mars 2017
PERSONNALISATION
Rapports
TEMPS RÉEL
AUDIENCE
Vue d'ensemble
Utilisateurs actifs
Analyse des cohortes
Explorateur d'utilisateurs
Données démographiques
Centres d'intérêt
Données géographiques
ADMINISTRATION
Tous les utilisateurs
+ Ajouter un segment
Vue d'ensemble
Sessions
Appliquer
Annuler
avril 2016
juillet 2016
octobre 2016
janvier 2017

1

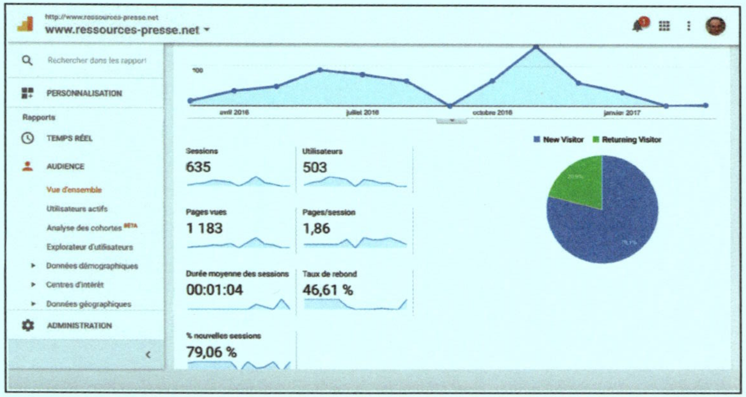
www.ressources-presse.net
PERSONNALISATION
Rapports
TEMPS RÉEL
AUDIENCE
Vue d'ensemble
Utilisateurs actifs
Analyse des cohortes
Explorateur d'utilisateurs
Données démographiques
Centres d'intérêt
Données géographiques
ADMINISTRATION
Sessions
635
Utilisateurs
503
Pages vues
1 183
Pages/session
1,86
Durée moyenne des sessions
00:01:04
Taux de rebond
46,61 %
% nouvelles sessions
79,06 %
New Visitor
Returning Visitor
avril 2016
juillet 2016
octobre 2016
janvier 2017

2

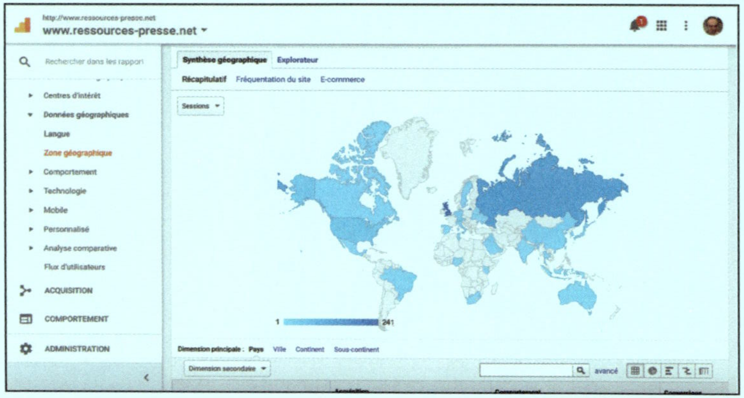
www.ressources-presse.net
Synthèse géographique
Explorateur
Récapitulatif
Fréquentation du site
E-commerce
Sessions
Centres d'intérêt
Données géographiques
Langue
Zone géographique
Comportement
Technologie
Mobile
Personnalisé
Analyse comparative
Flux d'utilisateurs
ACQUISITION
COMPORTEMENT
ADMINISTRATION
1
241
Dimension principale : Pays
Ville
Continent
Sous-continent
Dimension secondaire

3

Google Search Console

Google Search Console est un service complémentaire de Google Analytics – si vous avez créé votre Analytics, vous n'avez aucune démarche à faire. Ce second outil est complémentaire du premier par des informations plus techniques : comment Google explore les pages de votre site, comment il les indexe et les référence dans les résultats de recherche. L'utilisation des deux outils donne les moyens de définir une stratégie de référencement naturel.

Le tableau de bord livre deux types d'informations principales : les éventuelles erreurs et les paramétrages à réaliser d'une part, des éléments d'analyse de la fréquentation de votre site d'autre part **(1)**.

Parmi les (très) précieuses informations livrées par cet outil : les liens entrants vers les pages de votre site. À savoir : comme nous l'avons précisé plus haut, les liens entrants sont, avec le contenu original, l'une des principales données privilégiées par Google pour bien vous positionner dans ses pages de résultats **(2)**.

De nombreux services annexes permettent de peaufiner le parcours des robots sur vos pages. À explorer tout particulièrement : les outils d'aide au balisage qui permettent de signaler les zones importantes dans vos pages, et l'outil PageSpeed Insights pour mesurer la rapidité d'affichage de vos pages **(3)**.

Paramétrer correctement Google Search Console est un processus long et parfois complexe. Heureusement, de nombreux tutoriels permettent de le maîtriser, à commencer par celui proposé par Google lui-même à l'adresse suivante : https://support.google.com/webmasters/?hl=fr#topic=3309469.

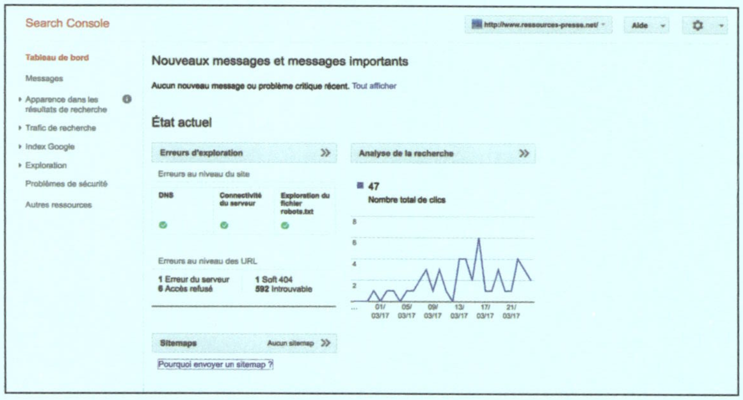
Search Console
http://www.ressources-presse.net/
Aide
Tableau de bord
Messages
Apparence dans les résultats de recherche
Trafic de recherche
Index Google
Exploration
Problèmes de sécurité
Autres ressources
Nouveaux messages et messages importants
Aucun nouveau message ou problème critique récent. Tout afficher
État actuel
Erreurs d'exploration
Erreurs au niveau du site
DNS
Connectivité du serveur
Exploration du fichier robots.txt
Erreurs au niveau des URL
1 Erreur du serveur
6 Accès refusé
1 Soft 404
592 Introuvable
Analyse de la recherche
47
Nombre total de clics
Sitemaps
Aucun sitemap
Pourquoi envoyer un sitemap ?

1

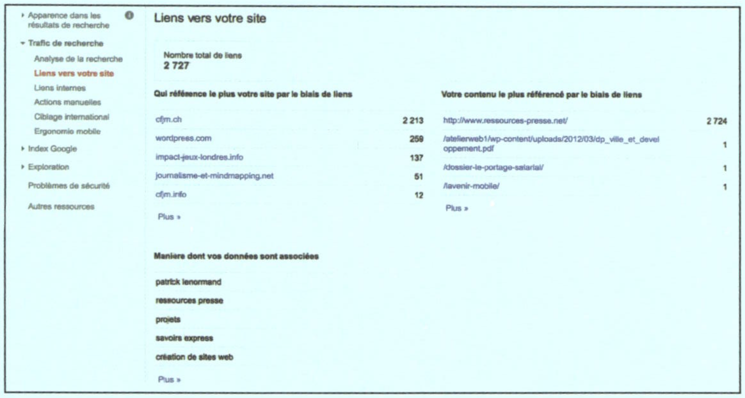
Apparence dans les résultats de recherche
Trafic de recherche
Analyse de la recherche
Liens vers votre site
Liens internes
Actions manuelles
Ciblage international
Ergonomie mobile
Index Google
Exploration
Problèmes de sécurité
Autres ressources
Liens vers votre site
Nombre total de liens
2 727
Qui référence le plus votre site par le biais de liens
cfjm.ch 2 213
wordpress.com 259
impact-jeux-londres.info 137
journalisme-et-mindmapping.net 51
cfjm.info 12
Plus »
Votre contenu le plus référencé par le biais de liens
http://www.ressources-presse.net/ 2 724
/atelierweb1/wp-content/uploads/2012/03/dp_ville_et_developpement.pdf 1
/dossier-le-portage-salarial/ 1
/lavenir-mobile/ 1
Plus »
Manière dont vos données sont associées
patrick lenormand
ressources presse
projets
savoirs express
création de sites web
Plus »

2

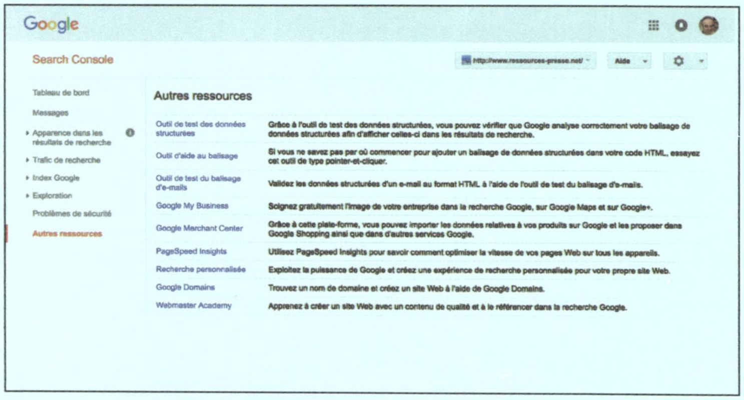
Google
Search Console
http://www.ressources-presse.net/
Aide
Tableau de bord
Messages
Apparence dans les résultats de recherche
Trafic de recherche
Index Google
Exploration
Problèmes de sécurité
Autres ressources
Autres ressources
Outil de test des données structurées
Grâce à l'outil de test des données structurées, vous pouvez vérifier que Google analyse correctement votre balisage de données structurées afin d'afficher celles-ci dans les résultats de recherche.
Outil d'aide au balisage
Si vous ne savez pas par où commencer pour ajouter un balisage de données structurées dans votre code HTML, essayez cet outil de type pointer-et-cliquer.
Outil de test du balisage d'e-mails
Validez les données structurées d'un e-mail au format HTML à l'aide de l'outil de test du balisage d'e-mails.
Google My Business
Soignez gratuitement l'image de votre entreprise dans la recherche Google, sur Google Maps et sur Google+.
Google Merchant Center
Grâce à cette plate-forme, vous pouvez importer les données relatives à vos produits sur Google et les proposer dans Google Shopping ainsi que dans d'autres services Google.
PageSpeed Insights
Utilisez PageSpeed Insights pour savoir comment optimiser la vitesse de vos pages Web sur tous les appareils.
Recherche personnalisée
Exploitez la puissance de Google et créez une expérience de recherche personnalisée pour votre propre site Web.
Google Domains
Trouvez un nom de domaine et créez un site Web à l'aide de Google Domains.
Webmaster Academy
Apprenez à créer un site Web avec un contenu de qualité et à le référencer dans la recherche Google.

3

À vous de jouer !

Travailler son référencement implique d'agir sur un grand nombre de facteurs techniques et éditoriaux. L'exercice ci-dessous vous permettra de développer le référencement éditorial.

Votre travail :

- Rédigez un article de longueur moyenne (environ 300 mots) en prenant soin de mettre l'essentiel du message au début (voir exercice précédent sur le plan).
- Présentez-le comme cela vous a été proposé dans l'exercice d'édition.
- Définissez une série de mots-clés spécifiques (trois au moins) pour indexer ce texte et ajoutez ces mots-clés au texte.
- Ajoutez une méta-description de moins de 150 signes à votre texte (texte court qui figurera sur la page de résultats des moteurs de recherche).
- Vérifiez que les mots-clés principaux figurent bien dans le début du texte (premier paragraphe), dans le chapeau et dans le titre.
- Appliquez les bonnes feuilles de style aux niveaux de lecture du texte : H1 (ou Titre 1) pour le titre, H2 (ou Titre 2) pour le chapeau, H3 (ou Titre 3) pour les intertitres.
- Insérez un ou plusieurs visuels, assurez-vous que ceux-ci sont bien référencés (champs titre et description correctement remplis).
- Proposez des boutons Réseaux sociaux pour « liker » et partager cet article. Placez-le vous-même sur vos propres réseaux sociaux.
- Enfin, essayez de trouver des liens entrants pointant vers la page de cet article.

ent le

classé

Conclusion

Vous l'aurez constaté à la lecture de ce guide : proposer aux internautes un site dynamique sur le plan éditorial n'est pas une chose simple. Ce n'est pas tant la dimension technique qui pose problème – cet aspect-là, assez mécanique, est vite assuré grâce aux réglages adéquats. La difficulté tient plutôt au contenu qui doit proposer à des visiteurs de plus en plus exigeants nombre de qualités. Au tout premier rang des vertus attendues : l'originalité, la variété et la « fraîcheur ».

Le travail à fournir et la nécessaire constance des efforts déployés poussent dans le sens d'un travail d'équipe. Un site ne peut pas, ne peut plus être simplement géré, il doit être animé avec régularité et créativité ; il ne peut pas – comme c'est encore trop souvent le cas – être tenu à bout de bras par une seule personne ou une équipe réduite et changeante.

Si l'objectif est de produire un site au contenu de qualité et reconnu comme tel, gage de notoriété d'un individu, d'une marque, d'une organisation ou d'une entreprise, le site web doit sortir des seules mains des techniciens et attirer à lui une équipe de rédaction en bonne et due forme, comme dans la presse classique. Après tout, un site est une publication comme une autre, et l'équipe de rédaction un groupe de gestion de projet comme les entreprises ou les collectivités en créent tant.

Première bonne nouvelle : cette mutation est aujourd'hui rendue possible par l'évolution de la technique de publication web, beaucoup plus grand public que par le passé. Des non-informaticiens peuvent aujourd'hui s'emparer de ces publications et faire valoir leur point de vue, qui est primordial : le Web n'est qu'un outil, un moyen – un de plus ! – pour faire connaître un contenu à un public cible. Ce n'est d'ailleurs pas un hasard si, sur le marché de l'emploi web, deux métiers qui privilégient contenu et public tiennent le haut du pavé : webmaster éditorial et community manager.

Deuxième bonne nouvelle : si produire du contenu de qualité est synonyme d'efforts, c'est aussi, souvent, une source de (grosse) satisfaction. Puisque la technique est de moins en moins le problème – merci à des outils comme WordPress ! –, intégrer des contenus devient facile, et le temps dégagé permet de se consacrer à des activités plus créatives et stimulantes : trouver des idées d'articles originales, peaufiner un traitement éditorial plus créatif, partager et diffuser ses productions…

La finalité de ce guide était de vous aider à produire du contenu de qualité pour votre site. Si, au final, il vous fait partager le plaisir que j'ai de travailler sur le Web, alors l'objectif sera atteint !

Annexe 1

La charte éditoriale web, quelques exemples

Matrice de charte éditoriale web

Sommaire

1. La ligne éditoriale du site
2. La charte éditoriale et graphique du site
3. Les règles du référencement
4. Les règles de l'interactivité
5. Les règles de l'interaction avec l'internaute
6. Le circuit de copie

1. La ligne éditoriale du site : quel(s) public(s) visé(s), quelles rubriques pour quel contenu, quel ton...

a. Le positionnement éditorial / traitement journalistique : genres (flashs, brèves, interviews, analyses, synthèses...), angles privilégiés (didactique, ludique...)...
b. Le contenu
c. La cible
d. Le ton

2. La charte éditoriale et graphique du site

a. Le positionnement graphique
b. La structure de la page d'accueil
c. La structure des pages intérieures
d. Les règles pour l'édition :

- Niveaux de lecture : surtitre / titre / accroche-chapeau / intertitre...
- Dans le texte : Règles générales : format(s), morcellement, justification, alinéa, présence / absence de lettrine, de mot-clé ou de puce, présence / absence de photo...
  Règles typographiques : utilisation du gras et des italiques, des majuscules et minuscules, des nombres et des chiffres, règles de ponctuation...
- Autour du texte : signature, dates de rédaction et de mise à jour, ergonomie, tags...
- Éléments non textuels : taille(s), durée, poids, format, cadrage, fonctionnalités pour l'ergonomie...

3. Les règles du référencement

- Utilisation des mots-clés : place, nombre, élément référencé (textes, autres contenus).
- Intégration des mots-clés dans le rédactionnel.

4. Les règles de l'interactivité

- Présence / absence de liens.
- Nombre de liens.
- Place du lien.
- Support du lien.
- Destination du lien.

5. Les règles de l'interaction avec l'internaute

- Quelle contribution de l'internaute : commentaire, création de contenu, expression d'opinion, création d'un espace personnel ou d'une communauté...
- Quelles règles pour cette contribution : comportement, contenus interdits...

6. Le circuit de copie

- Répartition des rôles.
- Circuit de production et de validation des contenus.

Déclinaison 1
Charte du site Nantes Métropole

Règles de forme

- Format : pas plus de deux pages-écran (3 000 signes ou 450 mots).
- Genres journalistiques possibles : compte rendu, synthèse, analyse / portraits (entrepreneurs, entreprises) / interview (ITW longue, 3 questions à...) / reportage / dossier.
- Angles : didactique, pratique, ludique (?), humain (personnalités fortes, riches), visuel (diaporama, infographie, vidéo ?), humoristique.
- Style rédactionnel : descriptif, factuel, neutre / ponctuellement, utilisation du vous pour proximité.

Règles typographiques

- Textes en fer à gauche (alignés sur la marge gauche seulement).
- Ni gras ni italiques dans les articles, intertitres en gras.
- Pas de point final pour les titres et les intertitres.
- Pas de signature.
- Guillemets français (« »).
- Espace insécable (souder un chiffre et une unité de mesure, par exemple) : écrire le code HTML   entre les deux termes.
- Un seul saut de ligne entre deux paragraphes.

Règles d'interactivité

a. Présence / absence de liens

- Si contenu court (brève, article inférieur à 1500 signes / 250 mots) : pas de lien.
- Autres formats : liens systématiques.

b. Nombre de liens : deux à trois liens au maximum

c. Place du lien

- Liens corrélés (vers nos contenus en archives) en fin d'article.
- Liens « actualisation du sujet ».
- Liens CRM en fin d'article pour les sites d'entreprise.

d. Support du lien : quatre à cinq mots au maximum

e. Destination du lien

- Articles entreprise : lien systématique vers le site de l'entreprise.
- Autres articles : liens vers la page précise et non vers la page d'accueil du site.

f. Édition du lien

- Le lien doit clairement indiquer vers quoi on renvoie exactement, avec des mots-clés pour les moteurs. Ex.: Consulter *le classement des régions françaises* (source: étude ODIS).

Déclinaison 2
Charte éditoriale et graphique du site Savoir Manger

1. La ligne éditoriale du site

a. Le positionnement éditorial

Le site Savoir Manger (savoirmanger.fr) a pour objectif de proposer des repères pour bien manger tous les jours. Parce que manger doit rester un plaisir quand l'évolution de nos modes de vie et l'accélération du rythme quotidien nous poussent à perdre le bon sens en matière d'alimentation.
Ce site n'est pas un site commercial (ainsi pas de publicité pour des programmes de régimes par exemple, pas de ventes de produits).
Le concept du site se retrouve dans:

- le titre: *Savoir Manger*;
- la *baseline*: *Les recettes d'une alimentation saine.*

Les auteurs du site:
Caroline, Claire, Claudine et Fabienne, dites «Les 3CF» (mention copyright en bas du site).
Chaque article est signé du prénom de celle qui l'a rédigé.

b. Le contenu

Il s'organise autour de deux grands principes:

- Informer: répondre à des questions sur les bases de l'alimentation, les régimes, les idées reçues...
- Rendre service: proposer des conseils pratiques et didactiques.

c. La cible

Grand public, hommes et femmes, tranche d'âge large (20-80 ans).
Ce site concerne tous les stades de la vie (étudiant, célibataire, en couple, à la retraite...).

d. Le ton

- Ton simple, sérieux mais sans prétention, pédagogique mais pas universitaire, vouvoiement de l'internaute.
- Phrases courtes, concises, précises.
- Style concret.

2. Le rubriquage du site

Les éléments de hiérarchisation pour faciliter la navigation dans le site doivent apparaître en page d'accueil et sur les autres pages:

DANS LA PARTIE SUPÉRIEURE, EN HAUT HORIZONTALEMENT:

Le menu principal dans un bandeau horizontal placé en haut sous le titre et la base.

Il comprend les menus: Accueil / Les ingrédients / Bien dans son assiette / Les régimes sur le gril / Les pieds dans le plat / Lexique.
Juste au-dessus: un second menu horizontal comprenant: Qui sommes-nous? / Nous contacter.

- Les menus «Les ingrédients / Bien dans son assiette / Les régimes sur le gril / Les pieds dans le plat» renvoient vers les archives des articles classés sous chacune de ces catégories.
- Les menus «Accueil / Lexique / Qui sommes-nous? / Nous contacter» renvoient vers la page concernée.

DANS LA COLONNE DE DROITE DES PAGES, VERTICALEMENT:

L'édito

Présentation du concept du site qui tient en huit lignes.
Une galerie de photos des auteurs du site (photos défilantes).
Les quatre rubriques, présentées selon cet ordre:

- Les ingrédients;
- Bien dans son assiette;
- Les régimes sur le gril;
- Les pieds dans le plat.

Remarque: ces titres des rubriques ont été conçus à partir de jeux de mots sur le champ lexical de l'alimentation.
Pas de sous-rubriques.

Le nuage de mots-clés (dynamique)

Quiz (intitulé «Quizzin» - jeu de mot: cuisine)

Sondage

3. La charte éditoriale et graphique du site

a. Le positionnement graphique

Esprit sain et frais, appétissant même s'il s'agit de santé et de bien-être.
Couleurs: le thème «Arras» est en noir et blanc. Mais une gamme de couleurs moins froide, moins dure serait plus appropriée. Il faut une couleur principale associée à la santé sans non plus faire trop médical. Le site doit garder un esprit sympathique et vivant. Pourquoi pas en harmonie avec les couleurs de la photo d'arrière-plan.
Photo d'arrière-plan: une photo de fruits (groseilles, framboises, cassis, raisins) dupliquée en mosaïque. Une photo sur le thème de la nourriture qui pourrait être changée à l'occasion, par exemple à chaque saison. Seul l'arrière-plan changerait, l'internaute ne serait donc pas perdu sur le site.

b. La structure de la page d'accueil

Taille: la page d'accueil doit tenir en deux pages-écran.
Un bandeau horizontal (comprenant deux menus, cf. plus haut) situé en tête de page assure une navigation ergonomique en permettant d'avoir accès aux rubriques.
Pages:

- «Qui sommes-nous?» (photos des «3CF» avec un petit texte de présentation).
- «Nous contacter».
- «Lexique» (lien vers un lexique extérieur qui s'ouvre dans une nouvelle fenêtre).

Colonne de droite (widgets):

- Édito.
- Photos des «3CF» (vignettes dans une galerie de photos défilantes, photos de chacune des «3CF» en train de manger ou boire - les mêmes photos que celles affichées dans la page «Qui sommes-nous?»).

- Rubriques (liens vers les archives des articles par rubrique).
- Nuage de mots-clés.
- Pages.
- Quiz.
- Sondage.
- Se connecter (liens pour le site) et pourquoi pas d'autres liens vers des sites de référence (sur la santé, la nutrition).

NIVEAUX DE LECTURE DANS LA PARTIE DES CONTENUS DE LA PAGE D'ACCUEIL (hors menus, widgets)
Niveau 1 : sur une seule colonne (toute la largeur de l'espace disponible)
Titre général : « Le plat du jour ».
Ces articles sont placés dans une galerie d'images défilantes. Ils ne sont accessibles que depuis cette galerie d'images défilantes (ils ne sont pas classés dans les rubriques).
Thèmes : sujets d'actualités liés à la nourriture mais plus larges que ceux développés dans les rubriques du site.
En cliquant dessus : on ouvre l'article en question. Ils sont régulièrement remplacés, donc pas d'archivage.

Niveau 2 : sur trois colonnes et sur deux lignes
Articles des rubriques « Ingrédients / Bien dans son assiette / Les régimes sur le gril / Les pieds dans le plat), affichés du plus récent au plus ancien (donc ce sont les six derniers articles mis en lignes qui apparaissent en page d'accueil), avec une photo en vignette et un bref chapeau (résumé).

Niveau 3 : sur une seule colonne
Récapitulatif, rappel des articles plus anciens (type archives) intitulés « Autres sujets ».
Sont indiqués pour chaque article : la rubrique, le titre, l'état des commentaires.

Niveau 4 : sur une ligne
Mention des crédits copyright : « Savoir Manger – Les 3CF ».

c. La structure des pages intérieures
Lorsque l'on clique sur un lien en page d'accueil : on arrive soit sur un article, soit sur une page (« Qui sommes-nous ? », « Nous contacter », « Lexique »), soit sur une page d'archives d'articles d'une rubrique.
Le contenu change en fonction du lien activé. Seuls les outils de navigation (menus en haut, colonne de droite) et la mention crédits tout en bas de la page demeurent fixes.

d. Les règles de l'interaction

- L'internaute est invité à réagir avec les Quiz et Sondage.
- L'internaute est invité à laisser des commentaires sauf dans : les pages « Qui sommes-nous ? », « Nous contacter » et « Lexique ».
- Lorsque le widget « Liens » sera installé, l'internaute est invité à rechercher des informations complémentaires et actualisées.

4. La charte rédactionnelle du site

Le titre : court (cinq à six mots), nerveux, incitatif ou informatif. Doit aller à l'essentiel et comprendre des mots-clés.
Le chapeau pour un article qui apparaît sur la page d'accueil ou sur une page d'archives : deux lignes maximum calculées au moment de la prévisualisation.
Le chapeau dans l'article : deux à trois phrases (strictement identiques à celles du chapeau utilisé dans « l'extrait » ou un peu plus longues). Il doit donner tout de suite l'information essentielle et l'angle de l'article. Il est écrit en gras et placé en tout début d'article (au-dessus de la photo).
Longueur des articles : variable selon le genre d'article (brève, synthèse, infographie, portrait, interview, test). Entre 300 signes pour les articles les plus courts et 1000/1500 signes pour les articles les plus longs.
Morcellement des articles : veiller à bien découper les articles pour structurer, aérer et faciliter la lecture. Intertitres ou têtes de paragraphes : quelques mots de synthèse écrits en gras.
Liens : deux à quatre par article. Ils sont placés dans le corps de l'article ou à la fin de l'article auquel cas ils sont précédés d'une mention du type « Pour en savoir plus » écrite en rouge et précédée d'une flèche rouge : >.
Certains mots importants du texte (mais pas des liens) peuvent être mis en valeur en étant écrits en rouge.

Visuels : un ou deux par article, le visuel majeur (qui est repris en vignette dans la description de l'article non développé) est centré et placé sous le chapeau de l'article.
Ortho-typo : capitales non accentuées, citations ou titres d'œuvre entre guillemets français (pas d'italiques), citations longues mises en relief avec l'outil « quote » (citation) de WordPress.

Annexe 2

Adaptation du print au Web

Texte d'origine (paru le 18 avril 2007 dans *Le Figaro*)

L'œnotourisme gagne la France

FAITES un test. Parlez d'œnotourisme autour de vous et comptabilisez : une bonne moitié de vos interlocuteurs vous fera répéter ou vous regardera avec des yeux ronds. C'est dire si la notoriété de cette activité est encore balbutiante… Pourtant, la Route des vins de Bourgogne existe depuis les années 1970, celle des vins d'Alsace depuis 1953 – la région fait même toujours figure de pionnière avec 20 % de sa production vendue en direct, contre 8 % au niveau national. Mais, en France, le tourisme viticole ne connaît de réel développement que depuis environ cinq ans. Un cas à part dans le paysage mondial. Élevé au rang d'industrie en Australie et en Californie, où les fameuses « wineries » de la Napa Valley attirent près de 20 millions de personnes chaque année pour un chiffre d'affaires évalué à 300 millions de dollars, il a depuis longtemps convaincu nos voisins espagnols, portugais et italiens. L'Italie a même créé un observatoire de l'œnotourisme en 1999, pour mieux connaître son public.

Heureusement, la France pourrait bientôt combler son retard. Car la filière vitivinicole, globalement en crise, semble avoir pris conscience des multiples avantages de l'œnotourisme : augmentation des ventes en direct à la propriété, diversification des sources de revenu et fidélisation du client. Un marché au potentiel énorme pour un pays comme le nôtre, qui voit passer 76 millions de touristes chaque année, et que le rapport de Paul Dubrule (fondateur du groupe Accor et ex-président de Maison de la France) vient d'estimer à 7 millions de personnes.

Jean-Michel Cazes, propriétaire du grand cru classé de Lynch Bages, à Pauillac, n'a d'ailleurs pas attendu cette évaluation pour développer Bordeaux Saveurs dès 1989, une entité regroupant notamment le Relais & Châteaux de Cordeillan-Bages, aujourd'hui dirigé par Thierry Marx, l'École du vin, une école de cuisine, une agence de voyages spécialisée dans les séjours thématiques autour du vin (golf et vin, architecture et vin) et le village de Bages. Une ruine il y a encore deux ans, qui compte aujourd'hui une boulangerie, un café-brasserie, des maisons d'habitation, des ateliers d'artistes contemporains et devrait compter prochainement une salle de cinéma et une médiathèque traitant de l'aspect culturel du vin…

Multiplier les portes d'entrée

Au-delà de sa passion pour les vieilles pierres, l'homme a compris qu'il devait replacer le produit dans son environnement et le croiser avec d'autres univers comme la gastronomie ou l'art. Faire du vin un produit vivant, enraciné dans un terroir auquel le visiteur va s'attacher, et non plus un produit manufacturé aussi banal et indistinct qu'un gel douche…

Associer art contemporain et vin, c'est aussi la démarche de Philippe Raoux, dont le Château d'Arsac est désormais un musée à ciel ouvert abritant les œuvres de Niki de Saint Phalle, Bernard Pagès ou Jean-Paul Raynaud. Un concept novateur en 1986, quand l'homme a racheté la propriété, mais qui a, depuis, fait des émules. Cet été dans le Var, par exemple, dans le cadre de la 9e édition d'Art et Vin, 61 caves particulières accueilleront chacune les œuvres d'un artiste. Mais Philippe Raoux a toujours un temps d'avance. Il vient donc d'ouvrir la Winery, un complexe œnotouristique d'envergure posé à l'entrée du Médoc sur un parc de 26 hectares. L'édifice en verre propose 2 000 références de vins français et étrangers dans sa boutique, un restaurant « bistronomique », des paniers pique-nique, un auditorium et des spectacles gratuits en plein air. Les visiteurs peuvent aussi prendre connaissance de leur « signe œnologique » (sur rendez-vous, 15 euros), via une séance de dégustation de six vins à l'aveugle accompagnée de dix questions, censée déterminer leur caractère « esthète », « gourmand », « sensuel ». Une manière ludique d'orienter ensuite le client vers les vins qui lui correspondraient le mieux… « C'est un formidable outil marketing et de fidélisation, reconnaît le fondateur. Notre but premier n'est pas de vendre immédiatement, sur place, mais d'alimenter notre fichier clients, de trouver les goûts de chacun pour qu'il se tourne ensuite naturellement vers l'un de nos canaux de vente, notamment la VPC. » Une initiative privée qui ne l'empêche pas de travailler main dans la main avec les offices, comités régionaux et départementaux du tourisme qui ont tous, d'une manière générale, engagé des actions concrètes en partenariat avec les comités interprofessionnels de leur région respective.

Une professionnalisation en marche

C'est ainsi que le Château d'Arsac (Médoc) se retrouve inclus dans le circuit « Art et Vin, itinéraire d'un amateur en Médoc », l'un des sept circuits clefs en main proposés par l'office du tourisme de Bordeaux, auxquels les plus grands noms de la région sont associés, du Château Smith Haut-Lafitte à Pape-Clément ou Carbonnieux. En même temps que la création de deux postes dédiés à l'œnotourisme il y a trois ans, l'office bordelais s'est aussi doté d'un comptoir spécifique pour aider les visiteurs à construire leurs vacances dans les vignes. La plupart des régions, de même que les comités interprofessionnels du vin, développent circuits, guides, chartes d'accueil.

Ainsi, Inter Rhône vient de publier le guide Tourisme et vignoble en vallée du Rhône (3 euros) qui recense les 421 caveaux adhérents à sa charte « Côtes du Rhône, terroirs d'accueil ». Présence de points d'eau, de verres propres, de toilettes, mais aussi d'une solution d'hébergement ou de restauration sont mentionnés. Une base de données complète que l'on peut retrouver sur leur site Internet. Le comité interprofessionnel des vins de Bourgogne a lui aussi édité une carte de la Route des vins recensant, au dos, les 300 membres adhérents à la charte d'accueil de Vignes en caves. Autant d'initiatives nécessaires, mais certainement pas suffisantes pour attirer une clientèle toujours avide d'originalité. « Les gens nous demandent souvent des produits qui n'existent pas encore », souligne André Deyrieux, créateur du premier site consacré à l'œnotourisme (www.winetourisminfrance.com) qui enregistre déjà 1 000 visiteurs par jour, moins d'un an après son lancement.

Adaptation 1 : angle touristique

Titre
Œnotourisme, les vignes pour destination

Chapeau
La vigne comme site touristique : c'est le principe de l'œnotourisme, pratique en plein essor dans toutes les régions viticoles de France. Professionnels et responsables touristiques rivalisent d'ingéniosité pour attirer les visiteurs entre les pieds de vigne.

Texte
FAITES un test. Parlez d'œnotourisme autour de vous et comptabilisez : une bonne moitié de vos interlocuteurs vous fera répéter ou vous regardera avec des yeux ronds. Pourtant, la Route des vins de Bourgogne existe depuis les années 1970, celle des vins d'Alsace depuis 1953 ! Mais, en France, le tourisme viticole ne connaît de réel développement que depuis environ cinq ans.

Dès 1989, Jean-Michel Cazes, propriétaire du grand cru classé de Lynch Bages, à Pauillac, a développé Bordeaux Saveurs. Cette entité regroupe notamment le Relais & Châteaux de Cordeillan-Bages, l'École du vin, une école de cuisine, une agence de voyages spécialisée dans les séjours thématiques autour du vin (golf et vin, architecture et vin) et le village de Bages, en ruine il y a encore deux ans. Au-delà de sa passion pour les vieilles pierres, l'homme a compris qu'il devait replacer le produit dans son environnement et le croiser avec d'autres univers comme la gastronomie ou l'art. Faire du vin un produit vivant, enraciné dans un terroir.

L'art... et la manière
Associer art contemporain et vin est une autre piste. Cet été dans le Var, dans le cadre de la 9e édition d'Art et Vin, 61 caves particulières accueilleront chacune les œuvres d'un artiste. C'est aussi la démarche de Philippe Raoux, dont le Château d'Arsac est désormais un musée à ciel ouvert abritant les œuvres de Niki de Saint Phalle, Bernard Pagès ou Jean-Paul Raynaud.

Philippe Raoux vient également d'ouvrir la Winery, un complexe œnotouristique d'envergure posé à l'entrée du Médoc sur un parc de 26 hectares. 2 000 références de vins français et étrangers dans sa boutique, un restaurant « bistronomique », des paniers pique-nique... Les visiteurs peuvent aussi prendre connaissance de leur « signe œnologique » (sur rendez-vous, 15 euros), via une séance de dégustation de six vins à l'aveugle accompagnée de dix questions, censée déterminer leur caractère « esthète », « gourmand », « sensuel ». Une manière ludique d'orienter ensuite le client vers les vins qui lui correspondent le mieux...

En vidéo
Œnotourisme, une balade en Gironde – Conseil général de Gironde

Réagissez
L'œnotourisme, vous avez déjà pratiqué ? Apportez votre témoignage et partagez vos meilleures adresses sur notre forum « Les bons plans du tourisme ».

Adaptation 2 : angle économique

Titre
La France s'ouvre au marché de l'œnotourisme

Chapeau
En France, le tourisme viticole ou œnotourisme est en plein essor. Structurer et labelliser l'offre de ces 5 000 caves, exploitations et domaines permettra d'en faire une véritable activité économique.

Texte
FAITES un test. Parlez d'œnotourisme autour de vous et comptabilisez : une bonne moitié de vos interlocuteurs vous fera répéter ou vous regardera avec des yeux ronds. C'est dire si la notoriété de cette activité est encore balbutiante... Pourtant, la Route des vins de Bourgogne existe depuis les années 1970, celle des vins d'Alsace depuis 1953 – la région fait même toujours figure de pionnière avec 20 % de sa production vendus en direct, contre 8 % au niveau national. Mais, en France, le tourisme viticole ne connaît de réel développement que depuis environ cinq ans.

Un potentiel énorme
La filière vitivinicole française, globalement en crise, semble avoir pris conscience des multiples avantages de l'œnotourisme : augmentation des ventes en direct à la propriété, diversification des sources de revenu et fidélisation du client. Un marché au potentiel énorme pour un pays comme le nôtre, qui voit passer 76 millions de touristes chaque année, et que le rapport de Paul Dubrule vient d'estimer à 7 millions de personnes.

Régions et comités interprofessionnels du vin développent circuits, guides, chartes d'accueil : guide Tourisme et vignoble en vallée du Rhône (3 euros) d'Inter Rhône, carte de la Route des vins du Comité interprofessionnel des vins de Bourgogne... Autant d'initiatives nécessaires, mais certainement pas suffisantes pour attirer une clientèle toujours avide d'originalité. Créateur de WinetourisminFrance, premier site consacré à l'œnotourisme, André Deyrieux a pu en faire le constat : « Les gens nous demandent souvent des produits qui n'existent pas encore. »

Pour aller plus loin
Des caves pionnières
Château Lynch-Bages : créé en 1989, Bordeaux Saveurs regroupe le Relais & Châteaux de Cordeillan-Bages, aujourd'hui dirigé par Thierry Marx, l'École du vin, une école de cuisine, une agence de voyages spécialisée dans les séjours thématiques autour du vin (golf et vin, architecture et vin).

La Winery : complexe œnotouristique d'envergure posé à l'entrée du Médoc sur un parc de 26 hectares. L'édifice en verre propose 2 000 références de vins français et étrangers dans sa boutique, un restaurant « bistronomique », des paniers pique-nique, un auditorium et des spectacles gratuits en plein air.

Annexe 3

Documents de référence

En vidéo
« La vidéo, un outil performant pour promouvoir votre château ou domaine viticole ».

Documents en français
ADOBE – *La nouvelle ère du marketing de contenu : transformer les données en gourmandises numériques* – 20 septembre 2016.

ADOBE
– *Les attentes des Français vis-à-vis du contenu sur Internet* – Le Blog du modérateur, 14 décembre 2015.

AGENCE FULLCONTENT
– *Le contenu éditorial adapté aux contraintes du web mobile* – 2015.

ANTHEDESIGN
– *Qu'est-ce qu'un contenu de qualité selon Google ?* – 2016.

CREDOC
– *Baromètre du numérique* – 2015.

EBG / TESTAPIC
– *Baromètre des usages mobiles 2016* – 2016.

FRENCHWEB.FR
– *SEO – Les grandes tendances* – 2014.

GOOGLE
– *Proposer un contenu de qualité* – 2016.

GOOGLE AIDE SEARCH CONSOLE
– *Consignes aux webmasters* – 2016.

LE JOURNAL DES ENTREPRISES
– *Référencement. Trois leviers pour doper sa présence* – 2015.

MÉDIAMÉTRIE
– *Analyses de fond et études sur les usages et l'audience des médias audiovisuels et interactifs, ainsi que les comportements du public à leur égard* – 2015.

MÉDIAMÉTRIE
– *Media In Life 2015 – Toujours plus de contacts médias et multimédias quotidiens avec l'apport d'Internet et des écrans mobiles* – 2016.

OPTIMIZ.ME
– *Le contenu : la brique fondamentale du référencement* – Guide, 2016.

SCOOPIT
– *Comment générer des leads grâce au content marketing ?* – 2016.

SCOOPIT – *Développer votre stratégie de contenu avec Scoop.it Content Director* – 2016.

SCOOPIT-HUBSPORT
– *Premiers pas avec le marketing de contenu* – 2016.

TEADS TV EYE SQUARE
– *Comparaison de l'impact des formats publicitaires vidéos sur mobile* – 2016.

WEBMARKETING&COM
– *La qualité du contenu : un critère indispensable du SEO* – 13 juin 2016.

WEBIKEO / BRIOUDE INTERNET
– *Rédiger pour le Web du référencement à la vente* – 2015.

Documents en anglais
BACKLINKO
– *Google's 200 Ranking Factors: The Complete List* – 5 novembre 2016.

GOOGLE IPSOS
– *Moments that Matter Research – 2015. HOBO – Duplicate Content SEO Advice From Google* – 16 juin 2016.

WE ARE SOCIAL
– *Digital in 2016* – 2016.

SEARCH ENGINE LAND
– *Now we Know: Here are Google's Top 3 search Ranking Factors* – 24 mars 2016.

SEARCH ENGINE LAND
– *Periodic Table of SEO* – 2015.

SEARCH ENGINE LAND
– *What is Quality Content?* – 9 juin 2016.

SEARCHMETRICS
– *Search Ranking Factors 2015: Understand how the Deck is Stacked* – 2015.

THE CONTENT FACTORY
– *20 Web Content Writing Rules Everyone Should Know* – 2016.

Notes